改变，从阅读开始

Francine Jay
〔美〕弗朗辛·杰 / 著
黄 琳 / 译

THE JOY OF LESS
A Minimalist Guide to Declutter, Organize, and Simplify

少的乐趣
极 简 生 活 手 册

山西出版传媒集团　山西人民出版社

都散去吧,

像孩童

吹开一朵蒲公英。

只消一口气,

无比的轻盈来了,

无限的愉悦来了。

目录 CONTENTS

前 言 ··· 01

PART ONE: PHILOSOPHY
第一部分　人生哲学

1　不要混淆你的所属物的本质 ································ 003
2　你拥有的东西不能代表你 ······································ 008
3　更少杂物，更少压力 ·· 013
4　更少杂物，更多自由 ·· 017
5　不要被杂物绑架 ·· 021
6　做一个好的看门人 ·· 026
7　拥抱空间 ·· 030
8　享受，不必拥有 ·· 035
9　知足者常乐 ·· 040
10　过简单的生活 ·· 045

PART TWO: STREAMLINE
第二部分　精简

11　重新开始 ·· 051
12　废物、宝物和转让物 ·· 056
13　留下每件东西的理由 ·· 062
14　物居其位 ·· 066
15　清理所有的台面 ·· 071

16	模块	076
17	限制	081
18	一物进、一物出	086
19	缩减	090
20	日常维护	094

PART THREE: ROOM BY ROOM
第三部分　一间间屋子来

21	客厅或家庭活动室	101
22	卧室	115
23	衣柜	128
24	家庭办公区	142
25	厨房和餐厅	156
26	盥洗室	170
27	储藏室	181
28	礼物、家传物品、情感寄托物	194

PART FOUR: LIFESTYLE
第四部分　生活方式

| 29 | 整洁的家庭 | 211 |
| 30 | 更大的益处 | 236 |

| 结　语 | 253 |
| 致　谢 | 257 |

前 言

你有没有好好打量一下你的房子？你购买的，你继承的，以及别人送给你的那些东西，你瞧过吗？你看着它们时，不是欣喜若狂，而是不知所措吧？你是否正艰难应付信用卡账单，却几乎想不起你当时买了什么东西了？你是不是私下里希望来场大风，把家里的"凌乱"一吹了之，好让你有机会重新开始？如果是这样，极简生活就是你的"救世主"了。

先让我们实实在在搞清楚"极简主义"（minimalism）这个词。它看上去多少带有点令人生畏的精英主义的味道，并常常和有品位的、只有三件家具的价值数百万美元的 Loft 公寓等联系在一起。这个词让我们联想到宽敞高冷的内部空间，混凝土地板，泛光的白色表面等。这一切听起来非常冷静、严肃，且枯燥。那么，在充斥着孩子、宠物、各种爱好、垃圾邮件、洗衣拖地等的日常生活中，这个词大概扮演了什么角色呢？

许多人一听到极简主义（minimalism），就会想到"空荡荡"（empty）。遗憾的是，"空荡荡"这词完全没有吸引力，经常和"失去""匮乏""贫瘠"相关。不过，从另一个角度来看这个词——别想它"不是什么",而想想它"是什么"——那么,你会想到,"空荡荡"意味着你有了"空间"(space)。是的,空间!也就是,我们有了更多使用的空间!壁橱里的空间,车库里的空间,计划表上的空间,思考、玩耍、创造的空间,和家人一起享受快乐时光的空间……这就是极简之美。

当我们的家——承载我们日常生活的大容器——堆满了纷尘杂乱时,我们的精神生活已经"让贤"于物质生活,不再重要了。我们已经没有时间,没有精力,也没有空间来尝试新的体验。我们感到压抑、受制,已无法任意舒展和完整地表达自己。

成为极简生活的一分子,可以让我们掌控自己的物品。让我们的空间回归,恢复其对于家庭的原有功能和潜力。让我们的房间重新成为一个开放的、通畅的、容纳能力强大的"容器",装下我们生活的方方面面。我们宣布脱离凌乱这个"暴君"的统治。这绝对是一次解放!

听上去非常了不起吧——但是如何实现呢?我们从哪里着手?就如何组织你的生活来说,这本书和其他同类的书相比,有什么不同?好吧,和其他生活整理书不同,这本书不是讨论如何购买心仪的箱子盒子来收纳物品,也不是讨论如何重新整理储存系统,摆放你的杂物;而是关于减少物品,也就是一开始就减少必须处理的那堆东西。所以,你不必回答一个个小测试,不必列清单,也不必填表格——谁有时间做这些事呢？本书也没有大量的案例提供，即那些别人如何处理垃圾和废物的案例，我们的核心只有"你"。

我们将从如何培养一个极简主义者的心态开始。别担心，这事并不难！我们只是要思考一下，一个不再凌乱的生活会带来哪些好处和回报；我们也将给出相关理由或动机，这在后面处理奶奶留下的旧瓷器时，会派上用场。我们将学会从其本身来考虑物品，消弭它们可能控制我们的任何"权力"；你会发现，满足生活必需品的生活，会更自由自在。我们甚至会进行一点哲学的思考，想一想新的极简生活会怎样丰富我们的生命，给我们生活的这个世界带来哪些积极变化。

整理物品就像是减肥。我们可以马上开始，像计算卡路里一样算好我们的物品，为了求得快速"减肥"的效果，我们饥肠辘辘。但是，这常常会让我们在最后有被剥夺的感觉，往往大吃大喝，最后又回到起点。所以我们首先要做的，是改变态度和习惯——好比是一个喜欢肉和土豆的人，变成地中海饮食（Mediterranean diet）[1]的拥趸。养成极简生活主义者的心态后，在面对我们拥有之物，以及添加新物件的时候，我们会改变做决定的方式。不再是权宜之计，而是从一个对新的美妙生活方式的长期承诺出发，来衡量取舍。

译者注：地中海饮食，是泛指希腊、西班牙、法国和意大利南部等处于地中海沿岸的南欧各国以蔬菜水果、鱼类、五谷杂粮、豆类和橄榄油为主的饮食风格。

THE JOY OF LESS | 少的乐趣

做好心理热身后，我们来学习精简法则（the streamline method）——最有效的十种技巧，可以帮助你获得并维护一个整洁的家。接下来，好戏开始了！家里的每个抽屉、每个壁橱、每个房间，我们都要重新开始整理，确保我们家里的每一件物品都能尽其用，能对我们的家有所贡献。每一件物品都能放在合适的位置，并设立限制，让其处于我们掌控之中。我们要稳步减少家里的东西，并建立起相关系统，确保那些物品不会卷土归来，在家里重新堆积如山。一旦掌握了这些诀窍，我们的家将一劳永逸，永别凌乱。

我们在房间里的每个区域，都会遭遇不同的挑战。所以，我们会一个房间一个房间地进行清理，找到更具体更有针对性的解决办法。先从客厅开始，先搞出一个灵活的动态空间[1]，在这里，我们可以进行休闲活动。我们要重新考量每一件家具，想想如何安置所有的书、游戏用品，以及工艺品。然后我们进入卧室。卧室宛如宁静的绿洲，安抚我们疲倦的灵魂，在这里，我们卸下冗余。我们的目标是：一个明净的、整洁的空间，一个可以让我们安宁和重新焕发活力的空间。

橱柜早已不堪重负，塞得太满，许多人深受其苦，所以我们将用整整一章来讨论怎么整理衣橱。（我保证，只需一小部分衣服，也能让你穿起来棒极了。）那么，一旦我们进入整理的最佳状态中，我

译者注：Flex space，可随时调整、用于不同功能的空间。

们就要对付家中办公间里乱七八糟的文件了，像把江河大海变成涓涓细流一样，减少"流入"收件夹的东西。我们的极简生活美容师，甚至会搞定最最糟糕的工作间。

接下来，我们将锐利的目光转向厨房。处理掉一些锅碗瓢盆吧，你会发现，洁净的台面，简单的厨具，会大大地提高你的烹饪水平。清理完厨房后，我们到盥洗室小憩片刻；在那里，我们精挑细选，打造一个别致的，有温泉浴氛围的空间。我们甚至要简化梳洗打扮的流程，这样的话，我们就不再瞎忙，我们会因为从容淡定而光彩照人。

当然，我们不能忘掉地下室、阁楼、车库那些地儿。那里存放的物品虽然不在我们日常视野之内，但也不可掉以轻心。一旦清理那些地方储存乱放的东西，乱七八糟的物品也就无处藏身了！我们也会谈谈怎么处置我们拥有的那些礼物、纪念品、传家宝等。我们会发现，这些小玩意是如何偷偷混进我们的生活的，我们会提供一些有创意的办法来对付它们。

和我们一起生活的其他的家庭成员怎么办？就整理来说，家庭成员绝不可能置身事外。我们想办法处理他们的物品，并让他们参与整理的过程。不管你是埋头清理婴儿用品、幼儿玩具，还是青少年们的东西，你都要从不同年龄段的家人那里获得相关建议。我们甚至找出了办法，指导不情愿的配偶或情侣走上极简生活之路。

最后我们将探讨，倡行极简生活，如何让我们成为地球的良好公民，并帮助我们给后代留下足够的自然馈赠。我们会着眼于我们的消费行为带来的真正影响：审视我们购买之物给人类和环境带来的代价；了解轻松而优雅的生活带来的深远的好处。最妙的部分是：我们会发现，留出橱柜的空间，竟然能帮助我们挽救世界。

彻底清除冗余，准备好了吗？翻开这本书，来一次极简生活的洗礼；很快，你就会踏上极简生活之路，走向更简单、更合理、更宁静的生活。

第一部分
人生哲学

设想一下,假定我们是走上战场的将军,或者是重大比赛前的运动员:为了拿出最佳状态,发挥最好的水平,我们必须做好心理准备,应对即将到来的挑战。是时候准备好我们成功的秘诀了:一个极简主义的心态。

这部分是关于态度。在我们能掌控自己的物品前,我们需要改变和它们的关系。我们会定义物品,看它们究竟是什么,以及不是什么,并审视它们对我们生活的影响。这些原则会让我们更轻松地清理物品,并阻止更多物品进入家门。最重要的是,我们会明白:那些物品是用来为我们服务的,而不是我们为它服务。

PART ONE: PHILOSOPHY | 第一部分 人生哲学

1
不要混淆你的所属物的本质

好好瞧瞧你的四周，很可能，在你目光所及之内，至少有二十或三十种物品吧。它们是什么东西？怎么就到了这儿？有什么用处？

现在该好好想想，这些东西到底是什么？我们打算给这些东西取个名字，给它们下个定义，并更清晰地认识它们。这些耗费我们如此多的时间，让我们费心尽力去搜刮、维护和储藏起来的宝贝们，到底是些什么玩意？它们怎么会越来越多？（难道是趁我们睡觉的时候，它们自动繁殖的？）

一般来说，我们的物品可以分为三类：有用的，好看的，以及寄托感情的。

我们从最简单的一类开始吧：有用的物品。这类物品有实际的用处，有一定的功能性，对我们做好事情有帮助。它们当中，有些是我们生活必需品；其他一些则会让我们的生活变得舒适点。我们所有的物品都是有用的，这种想法很诱人——不过，你读过关于求生技能的书吗？很有启发性的一点是：实际上，保障我们活下去的必需品少得可怜：一处简单的遮蔽物（住所）、调节我们体温的衣物、水、食品、几个容器、一些烹饪工具。(如果这些就是你的全部家当，那请你不要继续往下读了；要不是的话，快跟我们一起继续！)

除了上述必需品之外，还有一些是我们生活中不可缺少的，仍然有些用处的物品，如床、被单、笔记本电脑、茶壶、梳子、笔、订书机、灯、书籍、盘子、刀叉、沙发、(两端分别有插头或插座的)延长线、锤子、螺丝刀、笤帚——明白了吧。对极简生活来说，我们常常用到的，能真正给我们的生活带来实惠的物品，是受欢迎的居家生活之物。

> 一般来说，我们的物品可以分为三类：
> 有用的，好看的，以及寄托感情的。

不过，要记住：有用的物品，是指那些你必须使用的物品。而问题在于：我们大部分人都有大量的，也许有用但实际上从来不用的物品。最典型的一个例子是备用品：你有多少个塑料食品容器是从食品储藏室里取出来，放到午餐包或冰箱里的？无线电钻备上两个有必要吗？其他用得少的物品是因为它们要么太复杂，要么不易清洗：食品处理器、干酪火锅、加湿机等。我们总有一些"以防万一""可能会有用"的物品，躲在我们抽屉里消磨时光，等待着闪亮登台的那一刻。这类物品的留存时间，屈指可数了。

混在有用物品队伍里的，还有那些并无实际用处，但能满足我们某个不同需求的物品：一句话，就是那些我们喜欢看的东西。从历史上看，我们人类一直觉得有必要美化自己的环境——从旧石器时代留下的洞穴壁画，到我们沙发后悬挂的画，莫不如此。

美学鉴赏是我们身份认同的重要组成部分，我们没理由否认这一点。一个美丽花瓶上的高光泽釉，或者一把现代主义风格椅子的圆滑线条，可能都会给我们的心灵带来丰盈愉悦的满足感；所以，这些物品就有了足够的理由留存在我们的生活中。注意：这类物品必须受到尊重，并被安置在家里显眼的地方，它们必须拥有这个荣耀。假如穆拉诺岛产的玻璃杯被你随意放在某个架子上蒙尘——甚至更糟，被收拾到阁楼的某个地方——若是如此，它们不过是一些华美的杂物而已。

当你在盘点你拥有的宝贝时，千万不能自动给艺术类物品放行。那件物品或许是在某个夏日的工艺博览会上一眼打动了你，但不要因为这个原因就想当然地让它在客厅的壁炉台终生永驻。但另一方面，假如某件东西一直让你感到愉悦——或者其视觉上的和谐能打动你的心，让你更深地感受到生活之美——那么，这件宝贝你就好好留在家里吧。

现在，要是家里所有的东西都是"好看的"，或者"有用的"，事情就好办多了。但是，随着日子的流逝，你会发现许多东西没办法贴上这两个标签,既不能算好看,也谈不上有用。那么,这类物品是从何而来的呢?为什么它们会在我家现身?十之八九,它们是代表了某种记忆,或者是某个情感依恋:奶奶的旧瓷器、爸爸收藏的钱币、蜜月时买的纱笼裙。这类物品往往勾起我们的尘封岁月,想起那些人、那些地方,以及我们人生中特别重要的那些事。通常而言,它们以礼物、家传物品、纪念品等形式进入我们的生活。

再说一遍,如果眼下正在讨论的物品让你满心喜悦,那就请你自豪地展示,享受其在家中的存在。另一方面,要是你抓住这些东西不放,只是因为责任(比如,要是扔了她留下的瓷器茶具的话,埃德娜婶婶恐怕要气得在坟墓里翻来翻去了),或者只是因为它们是证据,证明曾有的经历或体验(假如你丢掉这个不入流的雪花玻璃球,就没人相信你去过大峡谷了),如果这样的话,接下来你该做的就是认真地反思了。

你在家里四处逛逛的时候,和家里那些物品聊聊天吧。问问它们,"你是谁,你是干什么的?""你怎么会出现在我的生活中呢?""你是我买来的,还是别人送给我的?""我多久用你一次?""你要是丢了或者坏了,我会再买一件呢,还是觉得解脱了?""我当初对你是一见钟情吗?"诚实地回答这一个个问题吧——这又不会伤害它们的感情。

在追问这些问题的过程中,你可能会遇到另外两类更细分的物品类别，其一便是"他物之物"（other stuff's stuff）。你知道我说这话的意思——某些物品只是很自然地随着其他物品而累积起来：就像一些附属品、说明书、清洁剂，这些物品的用处是给其他物品服务，如用来搭配、展示、容纳、修理其他物品。这种情况下，会出现清理杂物的良机：扔掉一件物品，就可能引发连锁反应，会扔掉一大批与其有关的废物！

另一类细分物品是"他人之物"（other people's stuff）。这类物品处理起来颇为微妙。大概除了你的（小）孩子，你对别人物品的控制权相当有限。如果你的兄弟把他的皮划艇放在你家地下室——十五年来也不闻不问——那你就有理由来处置它了（当然首先你得打个电话，让对方赶紧清理）。不过，要是处理的物品是配偶漫天的爱好装备，或者是孩子的旧电子游戏机，那就需要更有策略的态度来应对了。幸运的话，你的杂物处理将像传染病一样传递给其他人，他们也会认真处理自己的物品。

目前，我们还是简单地在家里到处转转，认识你的物品：这件东西有用，那件好看，另一件东西是别人的（多容易的事！）。现在还不要关注整理；我们很快就会到那一步了。当然，假如你碰巧遇上那些难看的、没用的、找不到主人的东西——干吧，先下手为强，了结它们！

2
你拥有的东西不能代表你

和销售人员忽悠的相反，你买的东西并不能代表你。你是你，东西是东西；没有任何物理或数学上的魔法能改变其中的边界，不管杂志的整页广告或聪明的商业营销如何给你洗脑，也改变不了这个事实。

然而，我们有时会成为高分贝广告的牺牲品。同时，我们还给那些附属品找合适的购买理由："梦寐以求的物品。"我们买下这些物品，是让别人印象深刻，或者是让我们沉湎于幻想的自我中——唉，你懂的，那个更苗条，轻了20磅，环游世界，出席鸡尾酒会，或者在摇滚乐队演出的"我"。

也许我们不愿意承认，但很可能我们获得的许多物品，都是在投射某种形象。就拿小汽车来说吧。我们只需要很简单的一辆小汽车，就能满足从A地到B地的交通需求。那么，为什么我们要付双倍（甚至三倍）的价格去买一辆豪车呢？因为汽车生产商投放了巨额广告，让我们相信，我们购买的汽车是一种投射，能直接反映出我们自身，我们的个性，我们在工作和社会阶层中的地位。

当然，还不仅仅如此。对消费品产生认同感已经成为一种强制，深入到我们的生活中——从我们选择的房子，到我们为其所进行的投入。一个小的，有基本设施的房子，已经能满足我们遮风避雨的基本需求了（尤其是和发展中国家所能提供的居住设施相比），这是许多人都同意的观点。但是，野心勃勃的营销商却"颁布法令"，称我们需要主卧套房，每个孩子都得有自己的卧室，要有夫妇专用的盥洗室，配有专业厨具的厨房；没有这些，我们就不能算成功人士。房子的建筑面积成为一个社会地位的象征；自然，为此我们就得添置更多的沙发、椅子、桌子、小饰物，以及其他大房子所需要配置的物品。

> 在这个大众媒介无所不在的世界，
> 想过一种极简生活并不容易。

广告也鼓励我们从穿衣戴帽方面来定义我们自己——理想的情况下，应该穿名牌服装。但设计师的标签不会让我们的衣服更暖和，不会让我们的包包更结实，也不会让我们的生活更有魅力。而且，这类领导潮流的物品往往在买下它们的那一刻，似乎就已经过时——仅在我们的衣橱里留下一堆堆过时的衣服，我们希望某一天这些服装会重回潮流。事实上，我们普通人完全没有必要拥有一个像明星们所需要的大衣柜，毕竟我们的服装和饰品不会吸引全球的关注和评论。但是，销售商们试图让我们相信，我们生活在聚光灯下，需要与之相匹配的装扮。

在这个大众媒介无所不在的世界，想过一种极简生活并不容易。广告商们不断拿这样的信息轰炸我们：衡量成功的方式是物质积累。买下地位比赢得地位更容易，这个事实被广告商们尽情利用。我们无数次听到，"越多越好"，"多伪装几次就可以成真"，或者"人靠衣装，佛靠金装"。我们被告知，拥有越多越幸福，但实际上，拥有越多，却往往意味着更头疼，更多的债务。买下一切的确惠及某人——但决不是我们！

真相是，商品永远不会让我们变成另一个人。名牌手提包不会让我们变身富人；高级口红不会让我们摇身一变，成为超模；昂贵的园艺工具并不会赐给我们"绿色拇指"，变身园艺高手；高端相机也不能让我们变成一流的摄影师。但是，为了那些物品给我们的承诺——让我们更幸福，更漂亮，更聪明，做更好的父母或婚姻的另一半，更可爱，做事更有条理，更能干，等等，我们不得不买更多的商品，并保留它们。

不过，请想一想：假如我们拥有的这些物品，没能实现它们许下的诺言，是不是到了它们该离开的时候了？

同样地，消费品也不能替代我们的经历。我们真正需要的，是和家人在一起的有质量的时光，我们没有必要在车库里堆满露营工具、运动设备、泳池玩具等。充气驯鹿和成堆的礼物并不一定带来欢乐的假期，但与我们所爱的人一起度过，就能实现。如山的纱线，成堆的烹饪书，一箱箱艺术品，它们积累得再多，也不能让我们自动成为高超的编织者、大厨，或者有创造力的天才。这些活动本身——不是这些物品，是我们享受生活和个人发展的基础。

我们也同样被等同于我们的昔日之物——它们被保留着，来证明我们曾经的身份，曾经的收获。我们当中，有多少人仍旧保留拉拉队的队服、字母毛衣、游泳奖杯，或者那些被遗忘很久的大学课堂上的笔记本？我们找出借口，认为留下这类物品可以作为我们昔日成就的证据（好像我们需要挖出我们微积分考试来证明我们通过这门课程一样）。但是，这些东西常常被塞进某个箱子里，放在某个地方，并不能向任何人证明任何事。假如事实如此，那么是时候让这些旧日遗骸远走高飞了。

当我们用挑剔的眼光审视我们的物品时，可能会很吃惊，我们竟然有那么多东西在庆祝过去，寄托希望，或是属于想象中的自我。很不幸，我们把太多的空间，时间和精力耗费在这类物品上，让我们远离了现在的生活。

有时我们害怕：扔掉某些东西，是不是就等同于扔掉了我们自己的一部分。我们几乎不怎么拉那把小提琴，也几乎不穿那件晚礼服，这些都无关紧要——我们不再保留小提琴和晚礼服，也不会减少我们成为艺术家或社交达人的机会。我们扔掉高中的学位帽，我们就无法毕业吗？

我们需谨记，承载我们记忆、梦想和抱负的，并非那些物品，而是我们自己。我们和我们拥有的物品，完全不是一回事；我们是我们所做、所思、所爱。那些我们不再喜欢的娱乐，没有完成的尝试，未能实现的梦想，淘汰掉它们的残余物吧，这样，我们可以给新的（和真正）合适的东西腾出位置。渴望型物品（aspirational items）是我们假想的一种生活愿景；我们需要清理掉这些乱七八糟的东西，唯有如此，我们才能有时间、精力和空间来实现我们真正的自我，充分实现我们的潜能。

3
更少杂物，更少压力

拥有一件东西，我们要为此耗费多少生命的能量？算一算吧：先谋划，阅读它的相关评论，到处寻找最好的折扣价，挣钱（或借钱）去商店买下它，运回家，找地方安置它，学会如何使用，清洗它（或清洁它周围的地方）、维护或保养，给它买配件，投保，保护它，小心翼翼别打碎它，坏了的话得维修，有的时候你已经处理掉它了，还得继续给它付款。算好后，再把这些步骤乘以你家里的物品的数量。哇！你绝对累坏了吧！

管理所有的宝贝们可能是一份全职工作。实际上，整个社会已经出现了许多给我们的物品提供服务的产品。许多公司出售针对不同物品的专门的清洁产品，发了大财——清洗服装的清洁剂、银器专用的抛光剂、给家具用的打蜡产品、电器产品用的喷射性除尘器，以及皮革护理液等。保险公司生意兴隆，因为我们的汽车、珠宝、艺术品可能失窃或损坏。修锁匠、安防公司以及安全产品企业承诺，他们会防止我们的物品被偷。修理工们虎视眈眈，随时准备帮我们修好损害的物品，搬家公司则乐于把我们的东西收集起来，费力地搬到其他某个地方去。

这些需要耗费我们的时间、金钱、精力，我们可能会开始感觉自己被物品所掌控——而不是我们掌控物品。

让我们仔细瞧瞧，这些物品会给我们多少压力？首先，我们会因没得到东西而失落。可能当我们在商店里、广告上看到某件物品时，会突然觉得难以想象：要是现在没有这件东西，我怎么活呀？我的邻居有，我妹妹也收到一件同样的礼物，我的同事上周也买了一件；哦，天哪，难不成全世界只有我没有这件宝贝？沮丧感于是就这样袭来……

接下来，我们开始担心的是，怎样获得这件物品。不幸的是，我们不知道谁会送一件这样的东西给我们，所以我们不得不自己买给自己。我们开着车，一家店一家店寻觅（或者在网上一个个网页搜过去），查询每个价格，希望找到打折的一家。我们知道，那会儿我们真的买不起，但就是想立刻拥有它。因此，我们凑集现金，加班加点干活，或者用信用卡买单，期望以后有能力支付。

欣喜若狂的时刻到了，我们终于买下它了。这件东西总算归我们啦！太阳当空照，小鸟在歌唱，所有的压力一扫而空。是吗？再好好想想，是这样吗？既然我们花钱买下它，那就得好好照顾了。我们获得的，不仅是一件新的物品，更是一堆的责任。

我们不得不保证定期给它做清洁，因为灰尘和脏东西会影响其功能和使用周期。我们不得不将它放置在合适的地方，远离孩子和宠物。我们不得不小心使用，以免打坏、损害或弄脏它。听起来很疯狂吧？有多少次你把新车停在停车场的最远处，或者当你发现车有擦痕或凹痕的时候，是不是一整天都感觉很糟糕？你的真丝衬衫沾上番茄酱的时候，你有啥感受？

> 我们似乎总是时间不够用——
> 也许我们家里的那些东西是罪魁祸首。

也就是说，当你买的东西出现问题的时候——这是肯定会发生的事——修理的压力就来了。我们钻研说明书或在网上搜索相关建议。为了修好它，我们出门，买相应的工具或替换的配件。搞不定的话，我们把它带到修理店去。或者我们也拖延，因为我们不知道（也不是特别想）怎么处理。它于是就变成了我们的烦恼，被放在房间的某个角落，或在某个壁橱里，或在地下室的某个地方。也许它根本就没坏，只是我们厌倦了，不想用它了。不管是什么情况，我们都会有一丝不安和内疚，毕竟我们为它花了不少钱和时间。

然后，我们会看到另外的广告，被另一种完全不同的产品所吸引；这个东西肯定比以前那件更令人激动。哦，好吧，我们再买这个吧……

我们似乎总是时间不够用——也许我们家里的那些东西是罪魁

祸首。有多少宝贵的时间被我们用来跑干洗店？我们牺牲了多少个周末去更换机油或修车？有多少天被我们花在修理或保养我们那些物品上（或者是拨打服务电话等着技术人员上门）？我们多长时间会因为一只破碎的花瓶，一个有缺口的盘子，或者是室内地毯上的泥污而感到难受（或呵斥孩子）？为给我们家里的物品买清洁用品、配件、配饰等，我们不得不去商店，这又花了多少时间呢？

让我们深呼吸，好好回忆我们无忧无忧的，幸福快乐的青春时光吧。那段时间可能是我们拥有东西最少的岁月。这不是一种巧合。那时的生活更简单：没有房屋抵押贷款，没有需要支付的车款，也没有要投保的汽艇。学习，生活，寻找快乐远比我们拥有的物质重要。生活充满了机会，没有什么不可能！对极简生活而言，快乐是我们如今能再次拥有的东西。我们只需要物归其位，那些东西不值得占有我们大部分注意力。

这并不是说，我们不得不租一套只有一个房间的小公寓，或者房间里的装饰只用牛奶箱和二手沙发。相反，目前，让我们想象一下，假如我们只拥有一半的物品会怎样。哇——这本身就是一个巨大的解脱吧！这意味着，我们少了百分之五十的工作和担忧！少了百分之五十的清洁、维护和修理！少了百分之五十的信用卡账单！那多出来的钱和时间，我们做什么呢？哈，明白过来了吧……我们开始看见极简生活之美了。

PART ONE: PHILOSOPHY | 第一部分 人生哲学

4
更少杂物，更多自由

假如现在有一个非常棒的，千载难逢的机会，但条件是你必须在三天之内穿越全国，你会怎么做？你会激动不已，开始做计划吧？或者你会在家环顾四周，忧心忡忡，不知道怎样才能把家里这些东西一次打包？是不是一想到要把这么多东西运到几千英里之外的地方，绝望感就会油然而生（或者更糟，觉得把它们运到这么远，简直是荒谬可笑的事）？有多大的可能，你会决定不多此一举，就地不动呢？毕竟以后还有其他机会。

听起来有些疯狂——但是你的那些物品有权力把你固定在某地吗？对我们大部分人来说，答案往往是"有的"。

物品会成为我们的羁绊。我们可能会被它们束缚，不再培养新的兴趣，不再发挥新的聪明才智。它们会损害良好的人际关系，成为事业成功路上的拦路虎，也会破坏我们的家庭时光。它们会让我们精疲力竭，也会让我们失去冒险精神。你是否曾因为家里太乱，回避过公司同事的社交性拜访？你是否错过孩子的足球比赛，因为你得加班挣钱来偿还信用卡？因为没人帮你看家，你错过一次异国情调的度假?

坐在房间里,好好打量周围的所有物品。想象一下,这里的每件东西——每个独立的物品——都用一根绳子系住你。有的绳子绑在你的胳膊上,有的在腰部,有的系在腿上。(为了更戏剧化一点,最好绳子用看得见的链条替代。)现在,你试着站起来,到处走动,拖着所有缠在你身后、叮当作响的物品。哼哼,很难吧?你大概走不了多远,也坚持不了多久。你很快就会放弃,坐回去,你会觉得待着不动省事多了。

> 遗憾的是,仅仅把杂物塞进抽屉、篮子、箱子,并不能达到理想的效果。

同样的道理,太多的杂物会让我们苦恼不已。就好像这些物品都有引力场,不断地摧毁我们,让我们踟蹰不前。在一个杂乱无章的房间里,我们的确会感到疲倦,昏昏欲睡,懒洋洋的,也没精神起来完成任何事。相反,在一个干净、明亮、陈设简单的房间里——这样的空间让我们轻松,无拘无束,觉得一切皆有可能。

知道这些以后,我们可能会忍不住创建一种快速修复功能,制造一个整洁空间的假象。我们只会赶到大卖场,买些好看的收纳箱回来,立刻搞出一个极简生活风格的房间来。遗憾的是,仅仅把杂

PART ONE: PHILOSOPHY | 第一部分 人生哲学

物塞进抽屉、篮子、箱子,并不能达到理想的效果:眼不见、心不烦的做法,并不解决问题。即使是把它们偷偷藏在更远的地方(放在走廊壁橱里,地下室里,或者是小镇另一头的储物单元里),那些东西仍然潜伏在我们心里。要想我们的精神完全放松下来,我们必须彻底和那些物品告别。

还得想想其他方面:除了在空间上压迫我们,在心理上压抑我们,那些物品还通过不得不偿付的账单奴役我们。欠钱越多,晚上越难以入睡,我们的机会越受限制。每天早上起床,勉强自己去上班,去做一份不喜欢的工作,这真不是件容易的事,我们得挣钱来支付那些我们不再拥有、不再使用,甚至不再想要的那些物品。我们可以想想许多我们更愿意做的事儿!而且,要是我们在消费品方面耗光了我们的薪水(甚至还要多),那我们的资源就会枯竭,不能实现更多的追求:比如,参加艺术课,或投资一个极有前途的行业。

旅行是一个极佳的例子,能说明极简生活的自由是多么可贵。在旅途中,你不得不拽着两个或三个沉重的箱子,想想这事多痛苦呀。你期待这次旅行已经很长时间了,你下了飞机,迫不及待想去欣赏美景。别急——你得先去行李传送带那里等你的行李,等啊等。接下来,你要在机场里拖着这些行李。你把这些行李带到地铁上,几乎是行不通的,不如直接找出租车。别想着立刻去观光——你必须直接去酒店,放下那些沉重的行李。当你最终到达风景点时,你已经疲倦不堪，几近崩溃。

另一方面，极简生活让你便捷灵活。想想，你只带了一个背包去旅行——那样的体验绝对让你兴奋。你到达目的地，下了飞机，从那些等待行李的人群旁擦肩而过。然后你上了地铁，搭乘公共汽车，或者径直走向你的酒店。一路上，你会从视觉、听觉、嗅觉方面全方位地体验一个陌生的城市，把时间和精力都用来尽情体验它。你是灵活的、机动的、自由自在的——可以背着你的包去逛博物馆，去旅游景点，有必要的话，也可把包存放在储物柜里。

和第一个版本的剧情不同，你带着饱满的热情开始你的旅行，整个下午都在游览观光，而不是吃力地拖着行李。当你抵达酒店时，这一路的体验已经让你神清气爽，精神百倍，你也准备好进行更多的新的体验。

当我们从那些物品中解脱出来，不再被它们束缚时，我们能尽情享受生活，和其他人联系，参加社区活动。我们更自由地拥抱各种体验，更有能力识别机会，并利用它们。我们拽的行李越少（不管是物质上还是心理上），我们就能做更多的事儿！

PART ONE: PHILOSOPHY | 第一部分 人生哲学

5
不要被杂物绑架

水田正秀，一位著名的俳句诗人，曾写道：

谷仓燃尽，

我便可望明月。

这就是一个摆脱杂物束缚的人。

虽然我们不用做得那么极端，但我们最好培养相似的，不执着于身外之物的意识。树立这样的态度，可比整理我们屋子里的那堆乱七八糟的东西，容易得多——更不用说减轻痛苦了，那种东西被其他方式剥夺后的痛苦（比如盗窃、洪水、大火，或者追债公司）。

所以，在这一章里，我们将做一些"脑力体操"，减轻物品对我们的控制。为了达到这个目标，我们需要做一些伸展及四肢活动。接下来的几页，我们将增强极简生活需要的"肌肉"——为了和那些困扰我们的物品一决雌雄，我们需要让自己的心理变得更强大，更灵活。

让我们从相对容易的部分开始，算是热身吧：想一下，没有那些东西我们的生活是什么样。这是很容易的事儿——甚至都不用我们真正想象，回忆即可。

对大部分人来说，可以回忆一下我们青葱岁月里的那些最快乐，最无拘无束的生活。那个时候，虽然我们住在蜗居里（有时候是两三人同住），也没有什么可支配的收入；那个时候，虽然我们买不起名牌衣服、名表、数码产品；但那个时候，我们所有的东西大概只用几个纸箱子就能装完，我们不用担心车要修，家里要保养，甚至都不用考虑得去干洗店。拥有的东西少，却成为生活丰富多彩的前提。那时的我们，是多么的自由自在、无拘无束呀！

想想看，这种自由是不是只存在于过去的生活呢？绝对不是。许多人一年中总有一两次重温我们过去物质简单生活的机会——比如，我们休假时。"休假"的英文是 vacation，这个词实际上来自于拉丁文中的 vacare，意思是"空白的，空的"，难怪我们酷爱休假，热衷于远离一切！

比如，你可以想想上一次露营的情形。你带上所有需要的物品，舒适的必需品，全都塞进包里。你没有精心修饰自己的外表，只是穿戴好衣服。你在一堆明火上用平底锅准备晚餐，晚餐用的餐具只不过是一个盘子、一个杯子和一把刀叉。你的帐篷，是最最简易的遮蔽物，却让你保持温暖和干燥。你尽量少带东西，只带上必需品，这样你就有大把的时间来彻底放松自己，亲近大自然。

所以，当我们回到我们"真实"的生活中后，就会疑惑：为什么需要那么多物品呢？好吧，实际上，我们真不需要——这就是我们"脑力操"的核心所在。我们逐渐意识到，那些围绕在我们周围的各类杂物，就我们的健康和幸福而言，完全没有任何必要。

现在做完准备活动后，我们开始进入下一阶段：假设你要搬到国外去。不过，别给本地的存储公司打电话哈——这次搬家是永久性的。你不能把东西存放到某个地方，指望将来取回。而且，运到国外的费用昂贵，也复杂；所以你不得不化繁为简，留下那些必要的东西，留下那些你觉得没了就不能活的东西。

好好查查你房子里的物品，决定你究竟要带走哪些。你那把破旧的老吉他要带走吗？你收藏的那些陶瓷做的小动物，要不要？在你运到国外的货柜里，要带走这些东西吗，如那件难看的毛衣，那件三年前你收到的圣诞礼物，那双穿十五分钟脚就受不了的鞋，或者是祖上留下的那幅你一点都不喜欢的油画？当然不要带走了！是不是感觉特别棒？当你突然有"权限"扔掉那些东西的时候，心里真是舒坦。

OK，你已经开始上道了，所以让我们处理更难的部分：这会儿是半夜，突然你被尖锐的警报声惊醒，着火了。天哪！你只有几分钟的时间——也许只有几秒钟——来决定带上什么东西跑出屋子。

固然，在这种情况下，你几乎没有任何机会来做决定，更多的是靠本能，靠直觉。在时间允许的情况下，你大概会抓上一些重要的文件、家庭相册，也许是笔记本电脑。多半，你会放弃所有的物品，让自己和家人、宠物逃生。在那一刻，你绝不会在意过去占据你全部注意力的那些物品。

哈！让我们平息凝神休息一会儿吧。实际上，我们将放慢速度，慢一点，慢一点……直到最后停下来。

虽然我们非常不愿意如此想，即我们的生命终将走到尽头；不幸得很，这一天可能比我们想象中来得更早。我们离开人世后，会发生什么呢？会有其他人来翻查我们的物品。呵呵，幸亏！幸亏这时我们已经不能脸红了，因为被别人看到我们那些宝贝儿，实在太尴尬了。

从长远来看，我们拥有的物品并不是那么重要。

不管你愿不愿意，我们留下来的物品会变成我们的遗产——难以想象，在我们离开人世后，人们会把我们看成是废物收集者或敛物癖。在他们心里，你难道不是更愿意留给他们生活轻松、优雅的印象吗，一个生活中只拥有少量的特别物品和必要设施的人？

花点时间，在心里把你的"遗产"分类吧。你留下的那些物品会向后人讲一个什么故事？你绝不会希望人们说，"孩子，她原来是一个喜欢收集便当盒的人啊"或者"太奇怪了，我竟然不知道他收集了这么多旧日历呢"。帮帮你的继承人吧，别让他们在你去世后，吃力地整理你留下的一屋乱七八糟的玩意儿。否则的话，当你死后往下探看时，很可能你会发现，你留下的物品堆满了一个院子，正打折出售呢，许多陌生人正用他们的魔爪在翻你那些宝贝呢。

好，我发誓，不再谈论凄惨、悲哀的厄运了——这是一本让我们快快乐乐的书！关键是，我们在日常生活中（度假或灾难中）受到的冲击，有助于我们正确对待物品；就最后的那个例子而言，想象其发生，远比真实体验好得多。这些情景会让我们明白，从长远来看，我们拥有的物品并不是那么重要；意识到这一点之后，我们就能削弱其掌控我们的能力，做好准备（并且愿意），让它们离开。

6
做一个好的看门人

英国作家和设计师威廉·莫里斯曾写过一句话，是我最喜欢的极简主义语录之一："在你的房子里，不要出现那些你不确定是否有用，或是否好看的东西。"这个观点真是棒极了，但我们究竟怎样才能付诸实践呢？毕竟，我们没有刻意把那些没用的、难看的东西带回家；但不知为啥，那些不合心意的东西总能溜进我们的屋子里。解决的办法是：我们必须成为一个好的看门人。

实际上这事儿做起来非常直截了当。任何物品进入我们的房间，只有两种可能：我们买回来的，或者是别人给我们的（换句话说，是我们没花钱的东西）。不管我们怎么想，他们不是在我们去户外享受大自然，趁我们不注意时偷偷溜进来的。那些物品，不会从空气中变出来，也不会在我们身后偷偷繁殖出来（也许除了回形针和特百惠）[1]。所以抱歉，这个责任很明确，是我们让它们进来的。

在你评估你的所有物时，问问自己，每件东西，都是怎么走进你的生活中的。是你自己找到它，付款，激动万分地带回你的房子

译者注：特百惠是一种家用塑料收纳制品品牌。

或公寓的吧？那件东西，是你去芝加哥开会时带回的，还是去夏威夷旅行时买的？它是伪装在彩色包装纸里，并系上一个漂亮的蝴蝶结偷偷溜进来的？

家，是我们的城堡，我们耗费大量的资源来保护它。我们在家里喷上药水来驱赶害虫；我们装上空气过滤器来阻挡污染物；我们安装了安保系统来防止入侵者。说到这儿，想想我们还缺什么东西？一个杂物拦截器，可用来阻挡乱七八糟的东西进入我们的屋子！既然市场上目前还没有这个产品（要是将来出现这种产品的话，你可是在这里最先听说的哦），那我们必须亲自出马了。

当然，我们有权完全控制我们要买什么。千万别放松戒备，让那些东西不知不觉溜进你的购物手推车里——实际上，在多问自己几个问题之前，别把它们带到收银台了。当你看到某件东西，萌生购买之意时，请在脑海里问以下这些问题：买回去放在我家，这件东西值不值？它能给我家带来什么价值？它会让我的生活更轻松吗？和好处比，买回去后的麻烦是不是更多？我有地方放这件东西吗？我是不是已经有了一件相同功能的东西了？我会一直（或者至少很长时间）保存它吗？要是我不想用它了，处理起来有多难？最后的这一个问题成为我日本旅行时的救命稻草，我差点带一大箱的纪念品回家——因为一旦某些物品带有纪念意义的性质，处理起来可就太难了。

瞧，这事儿简单吧。我们需要做的，只是在购买之前停下来，想一想"为什么"。但是还有些东西，是我们没有选择权的——甚至常常是我们不想要的（礼物，免费赠品，促销品，我可是盯着这些东西哟）。拒绝这些东西很难（或者无礼）；但是，一旦让它们进了家门，就麻烦了，请神容易送神难嘛。

好的进攻是最好的防卫，尤其是涉及到免费赠品的时候，更需要如此。学会礼貌地拒绝这些免费品，是一项重要的技能。这项技能会派上用场，频率比你想象中高。放弃那些印有公司标记的磁铁、钢笔和镇纸，改拿一张商业名片吧。拒绝购物中心里的香水和化妆品样品（嗨，等等——你在购物中心干什么呢？），拒绝超市里的洗涤剂和清洁剂试用装。在银行开户时，不要拿那个烤面包机，而是要求对方给你同等价值的现金存款（这个办法值得试试！）。

我们需要做的，只是在购买之前停下来，想一想"为什么"。

无论如何，都不要把酒店里的乳液、洗发水和护发素带走，就留在那儿吧。坦白说，要是你真不打算用这些玩意儿，就不要带走啦（虽然它们很可爱），别让它们堆满你的柜子和抽屉。

礼物，则是另一种处理方式，需要不同的策略。我发现，最好的方式是彬彬有礼地收下礼物，但不要过度表达感激之情（否则你肯定会收到更多的礼物）。我们必须努力避免收到新的礼物——从礼物交换中抽身而出——并且处理我们已经收到但不想要的礼物。在本书的第 28 章，我们会具体指导大家处理这类棘手的物品。

　　为了成为优秀的看门人，你必须把自己的房子看作是神圣不可侵犯的空间，而非是储物仓库。你没有义务给出现在你面前的每件流浪物品提供一个家。当有东西试图溜进，或施展魅力想进你的房间时，记住，你有权拒绝它们。如果，这些物品不能在功能或美感方面给你的生活带来价值，那么请挂出标牌："抱歉，没空地儿！"在通往极简生活之路上，一个预先的简单拒绝，会让后面的整理工作更容易，可以省下许多力气！

7
拥抱空间

但愿你喜欢语录,因为这一章的开头,我仍然引用了一句我喜欢的语录:音乐是音符之间的空间。这句话出自作曲家克劳德·德彪西,我对这句话的解释是:美需要一定的留白,以供欣赏——不然的话,只有混乱和喧嚣。

同理,我们可以把这句话转用于极简生活上:生活是我们那些物品之间的空间。拥有太多的杂物会扼杀我们的创造力,让我们的生活失去和谐。相反,我们拥有的空间越多,我们的生活就更美好、更和谐。

空间:其实它并非一切,但我们似乎从未拥有足够的空间。缺少空间的不安一直萦绕在我们心头;实际上,为了让我们的房子、衣橱、停车场等有更多空间,我们几乎无所不为,竭尽全力。我们记得,在以前的某些时日,我们拥有的空间比如今大多了,我们开始担忧,为何一些空间消失了呢。我们茫然四顾,诧异不已,"我们的空间去哪儿了?"

我们搜索脑海中的记忆,想起了我们第一次搬进这个家时的情景；啊，多么辉煌美妙的空间啊！可是，后来发生了什么？也许记忆中没有那么深刻的印象了。好吧，我们空间实际上哪儿都没去，还在老地方，一动不动。空间没有变，是我们的优先权发生了变化。我们把太多的注意力放在了物品上面，而忘记了空间。我们忽视了这两者相互排斥的事实：我们每带一件新东西回家，就意味着家里的空间会消失一部分。问题是：和空间比，我们更重视物品。

但好消息是，空间易丢失，也容易找回。搬走一件东西，空间就出来一点，耶，胜利！再处理了另一样东西，胜利！腾出的空间越来越多！实在是太有趣了！很快，被留出的一个个小空间变成了大空间，我们终于又可以在家里走来走去，四处逛逛了。我们好好利用新找回的空间，开个小型的舞会吧！

> **空间易丢失，也容易找回。**

我们需要铭记于心的是（也许太简单了，反而容易忘记），我们能拥有的物品的量，受限于我们用来放置它们的空间的大小。这是非常简单的物理学。即使我们再怎么塞、压缩、推拉等，都不能改变这个事实。如果你愿意，可以把这些东西塞进神奇的真空袋，并密封起来，但这些密封袋都得要放个地方。所以，如果你住在一套小公寓房里，或者你家里没有许多橱柜，那你就不要带很多东西回家。打住。否则，你就有麻烦了。

出于同样的原因，我们也没有必要把每一个空间都填满。空间和物品一样重要（甚至更重要，这取决于你的观点）。如果你住的房子有 4000 平方尺的话，那你没必要占有要放满 4000 平方尺空间的东西。要是你运气好，拥有一个步入式衣帽间，你也没必要把它里面的每一寸空间都塞满！实际上，这么做的话，你的生活会简单些，呼吸也畅快些。

在本书的前言里，我们稍稍谈了一点货物收纳箱的价值，也谈及，只有在空的时候，收纳箱才能发挥其最大的潜力。当我们想喝茶时，我们是用空的杯子来装茶水。当我们做饭时，我们需要的是一只空的锅来用。当我们想跳探戈时，我们需要一间空房来跳舞。

同样，我们的房子也是收纳箱，"装下"我们的家庭生活。当我们想放松、想创作、想和家人一起玩乐的时候，我们需要一些空间。或者，我们可以把家看作是一个舞台，我们在上面将我们生活的各种剧表演到底。就最好的表演来说，我们必须能四处走动，并自由表达自己；要是我们被道具绊倒的话，就麻烦了，发生这种事，一丁点也不好笑（更别说优雅了）。

我们也需要给我们的想法和观点一些空间——混乱的房间常常导致混乱的想法。假设你现在正坐在沙发上，也许在看书，或听音乐，你正发挥想象力，深刻地反思：可能你已对人性有了深刻的洞察，或者你正开始发现生活的意义。你在思考，在沉思，正试着回答人类的秘密，但这时候你的目光突然落到咖啡桌上的那一堆杂志上，或者你的眼光正好落在屋子角落里的那台烂缝纫机上。"嗯，我真的必须去看看了"，你想，"我怀疑餐前是否有时间……"你的脑子立即绕道了，刚刚一系列的思考也消失了——一同消失的，还有你作为一个伟大哲学家的传奇。

当然，你并不是非要成了亚里士多德才需要重视环境的整洁。甚至是很平常的活动也能从空间和明净中受益匪浅；比如，周围没有那许许多多的小物件让你走神的话，你会更容易专注于身边的同伴或幼儿。

事实上，空间最伟大之处在于：它可以让那些真正对我们有特别意义的人或物，处于我们聚焦的中心。假如你有一幅漂亮的画，你不愿意它和其他装饰品混在一起——你最好把它独自挂出来，周围留出足够的空间来展示。假如你有一个精致的花瓶，你不愿意把它放在一堆废铜烂铁中——你最好给它安个底座。我们需要用相似的态度对待那些重要的东西，实际上，这也意味着，我们要扔掉那些不重要的东西。

通过在屋子里创造空间的方式，我们把关注的焦点重新放回其应有的位置：关注我们做什么，而不是我们有什么。人生很短，不值得把光阴耗费在那些让人焦虑的杂乱琐碎上。因为，当我们满头银发容颜衰老的时候，我们不会大肆渲染我们拥有的物品——而是在物与物之间的空间里，我们做了什么。

8
享受，不必拥有

要是有人把《蒙娜丽莎》那幅画送给你，你怎么办呢——我想你不可能卖掉它吧？当然，你有机会一天 24 个小时都盯着这幅令人窒息的作品；但突然你会感到巨大的责任落到你的身上，你要为这个人类最伟大的杰作负责。你要防止它被盗，要防灰防尘保持清洁，避免日晒，得将它保存在温度和湿度都合适的环境里。这些任务非常艰巨，都不容易。毫无疑问，你将不得不应付蜂拥而至的艺术爱好者，他们等着一睹名画的风采呢。十有八九会发生的情况是，你当初如获至宝的快乐，即你从原主人那里获得画的所有权的快乐，会被同样接踵而来的重担所剥夺，因为像画的原主人一样，你不得不精心照顾和维护这件宝贝。很快，在你眼中，蒙娜丽莎脸上那神秘的微笑会失去魅力。

仔细想想后，这样的东西，我们真无福消受，只能说谢谢，但对不起——我们只能把它留在卢浮宫了。

在现代社会，我们实在是非常非常幸运，我们能够接触许许多多的人类的杰作——而不用我们亲自获得或保存它们。在艺术、文化和娱乐等方面，我们的城市拥有惊人的资源，我们没有必要在自己的房子里制造它们的仿制品。

多年前我就有了相关教训，那时我刚从大学毕业。我在一所学校教授艺术史这门课程，同时在一家当代美术馆做兼职。我参加无数的展览，阅读大量的专著，想象自己已是非常懂行的行家了。所以，当我有机会获得一位著名艺术家的印刷复制品时，立马掏钱，收归囊中。对我这样一个刚独立的年轻人来说，这是非常重要的一大步——那时我正走在一条成为艺术品收藏家的路上。得到这个复制品后，责任和费用的压力扑面而来，因为我得配置合适的画框、垫板，这减弱了我获得它的快乐。接下来，我不得不解决展示它的问题，也就是，放在哪里合适呢。自然，我也没有好好想想，那件当代艺术品如何能和我所住的战前的公寓房协调。我也没有考虑照明、眩光和视线等的问题。最后，我把它挂在了壁炉上方的主要位置上。虽然它和周围那些仿古的小瓷砖有些不协调，但我还是把它作为我装饰的核心（毕竟，我花了大钱买下它呢）。

一旦我做完这些事，我终于能坐下来欣赏我的宝贝。当有一天我发现在珍藏的那幅珍贵的画上，竟然有一个又大又黑的污渍，而且正好是在画的正中间，想想我是多么震惊！我实在想不明白，在专业的玻璃镜框保护下，怎么会有这种事情发生？可除了听之任之，我无能为力。

不过，我仍然非常自豪地把它展示出来——当我搬家时，我会仔细地包好它，装上车和我一起走。我的新公寓房东禁止在墙上悬挂任何东西，所以这幅画被放到地板上，一个不太起眼的地方。折腾了几次搬家后，我明显地失去了热情，不太热衷于把它搬来搬去和找地方挂上它。我用气泡包装膜把它包起来，塞到衣橱里，五年后，我卖了它。从那个时候开始，我决定让博物馆来处理艺术品，我可以在业余时间去欣赏它们。

> 在追求极简生活的过程中，我们需要抵制诱惑，
> 不要在自己的家里打造一个外部世界。

实际上，找到办法来享受不占有的快乐，对拥有一个极简生活方式的家来说，是其中的关键之一。举个例子：我们厨房碗柜里的卡布奇诺咖啡机已经蒙尘已久，似乎在我们自己舒适的家里，做一杯热气腾腾的冒着泡沫的咖啡，是很方便（也有点颓废）的生活。可是实际上，当我们得把这个奇妙的玩意儿拖出来，装好，并在用完后仔细清洁它，这让它成为折磨我们的东西；更重要的是，我们用它煮出来的咖啡味道并不太好。我们随时可以喝咖啡，这也不是什么特别的事儿。在自己做了几次咖啡之后，我们意识到，去咖啡馆喝咖啡更有趣，我们一边啜饮咖啡，一边享受那里的氛围。

在追求极简生活的过程中,我们需要抵制诱惑,不要在自己的家里打造一个外部世界。不要购置(和维护)相关设备来打造家庭影院,健身中心,或度假风格的后院,而是去电影院,去跑步,或去当地的公园或游泳池。这种方式,你可以尽情享受这些活动,而不用买回一堆东西,还不得不照顾它们。

如果你特别忍不住,想买那些漂亮的东西,那么当你外出逛商店时,嘴里要不断念"享受享受,不要买"。好好欣赏精美的玻璃小雕像,欣赏古董手镯上的金属工艺,或者欣赏那个工艺花瓶的鲜艳色彩——就看看吧,千万别带回家,让它们留在陈列柜里。就把你逛街的经历当作是一次博物馆旅行:一次对精美之物的欣赏之旅,欣赏他们的美丽和美妙的设计,而没有占有它们的机会(或者压力)。我在上网的时候,也是采取同样的做法;坦白地说,观赏一幅画带来的满足感,和据其为己有的满足感一样多。

在我们寻求极简生活方式的过程中,我们要减少家里那些需要我们特别关注和照料的东西。幸运的是,我们现在有许许多多的机会可以实现这一点——很简单,只需要把我们的一些快乐和活动转移到公共领域完成就行。实际上,这个举动产生了非常美妙的"副作用"。因为,当我们在公园、博物馆、电影院、咖啡馆等地闲逛时——而不是试图在我们自己的房子里打造相似的体验——很明显,我们已经更主动地参与社交生活,更积极地参与社会事务。拆除了我们周围的那道物墙，我们就能真正走出来，融入世界，享受更新鲜、更直接，也更有益的体验。

9
知足者常乐

中国的哲学家老子,《道德经》的作者,兑:"知足常乐。"

足够——这是一个模糊的概念。对某人来说已足够了的东西,对一些人而言,也许还不够,而对另一些人呢,则已经太多太多了。我们大部分人已经有足够的水、粮食、食物、居住空间来满足我们的基本需求。阅读本书的人可能都会觉得,自己拥有的东西实在太多了。那么,我们为什么仍然还饥渴地买买买?

让我们更仔细地研究一下"足够"这个词。从字典、网上查到其定义是"就想要或需求来说,已经足够了;就满足欲望而言,已经很充足了。"嗯,这么说来问题就有了:即使我们已经满足了需求,但仍有许多渴望和想要得到的东西。为了体会知足者的快乐,我们需要专注。实际上很简单:幸福是享受你已有之物。你想要的东西,是你已经拥有的,那你就没有必要再去获取新的了。但欲望可能是令人讨厌的琐碎的东西;为了让其处于掌控之下,我们不得不搞清楚其背后的动机。

我们可以想象一下,我们住在一个前不着村后不着店的偏僻之地，没有电视，没有网络，没有报刊杂志。我们可能生活简单，但是对我们拥有的东西，我们非常满足。我们吃得饱穿得暖，远离风雨。简单来说，我们过得很满足。然后某一天，来了一家人，在我们隔壁建了新房，房子比我们的大，东西比我们多。我们安于现状的满足感似乎越来越少了。然后更多的人搬到了这个地方，这里开始有了各种各样的房子、小汽车和物品；我的天，我们从来不知道我们竟然缺了那么多东西！卫星连接让我们有了电视和网络，我们也有机会瞅见达官贵人们的奢华生活。我们拥有的东西仍然和以前一样——是到目前为止，我们非常满意的那些东西——但是现在我们会禁不住想自己被剥夺了什么。

发生了什么呢？我们会陷入一种经典的困境中，即"赶上琼斯"[1]。突然，我们不再从物品自身的角度（如我们的房子是不是够我们一家住？）来权衡我们的东西是否足够，而是从相对的视角出发来衡量（如，我们的房子是不是和隔壁邻居家的一样大，一样好，一样新呢？）。更糟的是，问题越来越复杂了，因为我们瞄准的目标在不断变化，一旦我们赶上了一个攀比对象的水平，就会将眼光聚焦于下一个对象。但是，我们必须直面现实：一山真比一山高，总有人比我们拥有更多。所以，要是我们不能真正确定自己会成为全球最富有的人，那我们把自己的财富和他人比较，有什么意义呢？有

译者注：keep up with the Joneses，美式习语，指和左邻右居攀比。

趣的是，即便是亿万富翁们，也无法避免这类现象：据说他们在游艇的大小上，还要比个你死我活。在自己拥有的东西方面，如果最富有的那批人都得不到满足，那么占有的意义是什么？

实际的情况是，一旦我们拥有了生活的必需品，满足了基本需求，我们的幸福和我们所拥有物品的多少就没什么关系了。一旦过了这个界线，获得更多消费品所带来的边际效用（或者是满足感）就会迅速减少；经济学家把这个叫做餍足点[1]，超过这个点，实际上就成负面效果了。（大概这也是你为什么正在看这本书的原因！）这也是为什么越来越多的东西常常不能满足我们——某些情况下，甚至让我们更不开心。因此，消费者高人一筹（顾客是上帝）是一个骗局；唯一的获胜者是卖东西的那些公司。如果我们能完全摆脱这些纠结的话，我们就会更快乐，更放松，也更满足。

> 实际的情况是，一旦我们拥有了生活的必需品，满足了基本需求，我们的幸福和我们所拥有物品的多少就没什么关系了。

对喜欢极简生活方式的人来说，培养感恩的心态更有用。如果我们认识到我们生活中的富足，欣赏我们所拥有的东西，我们就不会索求更多了。我们只需要关注我们已有之物，而不是盯着那些我

译者注：Satiation Point，又称最佳点，表示在一组消费品组合当中，消费者最为偏好的一点。

们没有的东西。如果非要攀比的话，我们应该把范围扩展到全世界，而不仅仅局限于本地。我们需要眼光朝下，和生活不如我们的人进行比较，而不仅仅是朝上攀比。在我们自己的国家，我们在那些更富有的人面前，可能有被剥夺感，实际上和全球其他许多地方的人相比，我们的生活像王公贵族。

我过去总是感到不满足，因为我的房子里只有一个盥洗室。要是一个人在上厕所，其他人在旁边冲澡，这多不方便啊！和在我家过夜的客人共用一个盥洗室，真令人尴尬！但后来有一天，我读到了一本非常棒的书：彼得·曼瑟（Peter Menzel）所著的《物质世界：全球范围内的全家福》。这是一本摄影集，作者以全球范围内处于平均水平的家庭为对象，让他们在自己的房子前拍照，他们家里所有的物品都摆放在他们周围。要是你还有一点不满足或被剥夺的感觉，那么请你翻开那本书。你会看到，在我们生活的这个世界里，一些人拥有的东西少得可怜，让人瞠目结舌。这也让我用新的视角来打量我那相对富裕的物质生活，让我意识到，自己竟然拥有一间盥洗室，这是多么幸运的事！

现在我们已经更好地理解了我们在全球所处的位置（而不仅仅是和我们的邻居或名流们攀比），让我们用一个小小的练习来结束我们关于知足的讨论吧。这个练习非常简单，你只需要一张纸一只笔（或者，如果你愿意的话，准备一台电脑也成）。准备好了吗？现在开始在你的屋子里四处走走,把你拥有的每件东西列个清单。我晓得,有些读者读到这儿,可能会觉得难以置信;但是,我真不是开玩笑,我是认真的。列个清单,写清你家里的每一本书、每一个盘子、每一把刀叉、每件衬衫、每双鞋、每只笔、每条床单、每件小玩意,统统写进清单里——简单而言,就是每一件物品。太难了?那就清点一个房间里的东西吧。还是太多,完不成?那就一个抽屉吧。是不是觉得自己要崩溃了?那你还觉得自己拥有的东西不够吗?

10
过简单的生活

圣雄甘地说："过简单的生活，才能保证别人过上基本的生活。"事实证明，这才是极简生活方式拥趸的最大的动力源泉。

现在既然我们已经开始从全球的角度考虑问题了，我们认为：我们和其他超过 70 亿人一起共享世界。而我们的空间，资源是有限的。我们怎么能保证有足够的食物、水、土地和能源供应呢？不要让我们的所用，超过我们的所需。因为我们每得到一个"额外之物"，意味着有人（现在或将来）会失去同样的东西。这种"额外之物"并不能给我们增加显著的幸福，但对其他人来说，可能就是生死存亡的一件必需品。

我们必须意识到，我们不是生活在真空世界；我们的所作所为也会在全球引发涟漪。当你刷牙时候，你知道让水龙头开着，意味着有人会遭受干渴的折磨，你还会让水一直流吗？要是你知道全球的石油储备会引发贫困和骚乱，你还会开一辆极为耗油的"油老虎"吗？如果你亲眼目睹了滥伐森林带来的后果，你还会建造超大房子吗？假如我们明白我们的生活方式会如何影响到其他人的话，也许我们的生活就会轻松一些了。

  我们把自己当做消费者，这样的选择已经带来了相应的环境代价。我们买的每件商品，从食物、书籍，到电视、小汽车等，都耗费了地球的部分储备。 不仅其生产流通会消耗大量的能源和资源，而且，其分配也让人担忧。我们真的想让我们的子孙生活在巨大的垃圾填埋场里吗？我们对维持生活的需求越少，每个人（和我们生活的地球）就会生活得越好。因此，我们应当尽可能地减少消费，支持那些用料最少，以及用生物可降解、可回收材料等制造的产品和包装。

  我们的购买行为也影响他人。很遗憾，就此事而言，全球性的外包服务已经让生产转移到劳动力便宜、规范较少的地方。无论何时，我们在购物的时候，都要好好想想是哪里生产的，是谁生产的。地球另一边的人，不应该因为我们购买一条牛仔裤，而忍受不公平、不安全，或不人道的工作环境。他们的空气、水，也不应该因我们买一张新的沙发而遭受污染。我们需要寻找的商品，其生产不应破坏生产者所在的社区，以及他们的生活，而应让其更富足。

  当然，我们也不可能精确计算出每件商品给人类和环境造成的影响有多大。我们应当尽可能让自己理解这些，但是可以想象，要想获得某件商品的相关信息，我们得耗时数月才行。幸运的是，就这个问题，我们可以曲线救国，且可以减少我们个人消费的足迹：

买当地产的，买二手货，少买点。

购买当地产品，无论在道德伦理、环境还是经济方面，都有巨大的好处。首先，当地制造的产品，在生产条件的公平和人道主义关怀方面，更可能实现；在我们本地主要街道的店铺后面，不可能藏匿着血汗工厂。其次，减少远距离运输可以节约许多能源。只需要数英里就能送到的商品，肯定更有利于保护我们的地球。第三，这样有助于支持那些和我们有共同价值观的经营者，创造本地就业机会，为社区投资。

> 当我们减少消费拯救全世界的时候，
> 我们自己的客厅也将保持整洁、宁静，远离凌乱！

购买二手货能让我们获得需要的物品，而不会增加地球的资源负担。当有现成的物品时，我们为什么要浪费材料和能源去制造一件新的物品呢，何况已有的物品已经消耗了相应的资源和材料？别去购物中心了，去二手货市场买家具、家用电器、电子产品、服装、书籍、玩具，以及其他更多的物品。旧货商店、分类广告，以及如eBay、Craigslist、Freecycle[1] 这样的网站，都有许多非常棒的旧商

译者注：Freecycle 即全球捐赠网。通过该网络，用户可以将自己不再需要的物品免费提供给需要者以促进废物再利用。

品，它们是购买二手货的宝库。使用二手货（或者是三手、四手货）是非常让人自豪的事情，这是一种环境友好，精明消费的方式，同时也满足了自己的需求。

最后，少买东西是极简生活方式的基石。限制我们的消费，只购买最基本的必需品，这是减少我们消费产生的影响的最佳方式。这样做也可以确保，作为个体的我们，有责任减少资源消耗，减轻人类贫困，以及减少浪费。假如我们真的不需要再买一件羊毛衫或一双鞋，那我们就不要买，千万别因为赶时髦去消费。我们想想这些商品耗费的资源吧，想想制造它们的那些工厂，想想将它们运往全球的运输成本，也想想处置它们的最终影响。让我们把购物的决定置于自己的需求之上，多想想这件商品的整个生命周期——而不是觉得自己喜欢它的颜色或我们在广告上见过，就决定买下来。

我们不要成为消费者，而是成为极简消费者。我们要努力减少自己的消费，只购买最需要的东西；减少我们的消费给环境带来的影响；降低我们的消费行为给其他人的生活所造成的影响。

作为一个额外的好处，这样的人生观会帮助我们实现其他的极简生活的目标：当我们减少消费拯救全世界的时候，我们自己的客厅也将保持整洁、宁静，远离凌乱！

第二部分
精简

现在既然我们已经培养了极简生活的心态，那就准备将之付诸实践。接下来的这部分内容概括了精简法则（STREAMLINE）：让房间整洁有序，并能保持下去的十大靠谱窍门。这些办法容易记，用起来也容易；STREAMLINE 的每个字母都代表我们整理过程的一个特殊步骤。一旦我们掌握了这些办法，就没有什么能阻挡我们了！

S 重新开始（Start over）

T 废物、宝物和转让物（Trash,Treasure, or Transfer）

R 留下每件东西的理由（Reason for each item）

E 物居其位（Everything in its place）

A 清理所有的台面（All surfaces clear）

M 模块（Modules）

L 限制（Limits）

I 一物进、一物出（If one comes in, one goes out）

N 缩减（Narrow down）

E 日常维护（Everyday maintenance）

11
重新开始

我们执行每个任务的时候,最难的部分莫过于是从哪里开始。环顾我们的屋子,我们发现到处都堆满了东西——角落里,衣橱里,抽屉里,梳妆台上,食品储藏室里,餐具柜上,搁板上。我们可能还在其他地方偷偷塞了许多东西,地下室,阁楼上,车库里,以及其他储物设备里。虽然说"眼不见",但我们依然心烦。要是你感到心里堵得喘不过气来,请别绝望——你不是一个人在战斗。

有时候甚至可以说,只有动用自然的力量,或者是极端情况,才能把我们屋子里的杂物清理掉。非常遗憾的是,整理房间真不可能一蹴而就;有的东西我们不得不慢慢地、谨慎地对待。但是,好消息是:当我们心情愉悦时,我们就能做得更好(效果更好);不管你信不信,这事实际上变得有趣了!

事实上,当我把第一袋不要的东西扔到路边的时候,很匆忙,我一点儿准备都没有。我原本以为这是一件乏味的事儿,和义务责任等无关,结果这个任务竟然是如此令人兴奋。我立刻就入迷了,沉湎其中。我早上整理,晚上整理,周末整理,竟然在梦里也在整理房间（这是真的！）。即便在我不整理的时候，我的脑子里也在盘算接下来要整理的内容。当收纳整理变得与众不同起来，我也体验了快乐；就像我能感受到东西从我肩膀上卸下的那种快乐。在我特别富有成效的整理后，站在（面貌一新）空空如也的房子里，我开心得咧嘴大笑。（我早就说过，这件事很有趣！）

在我们开始整理前，我们回想一下我们第一天搬进这间房子或这套公寓的情况。那个时候，我们在空荡荡的房间里到处逛逛，想象着在墙壁围起来的这个空间里，我们将有什么样的生活。在包裹没有拆开前，享受一下这里的空间是多么美妙的事！这里就像是一幅空白的画布，什么东西也没有，充满了各种可能，正等着我们按照自己的喜好来"描绘"它。我们抱有如一张白纸般重新开始的想法——一个绝妙的机会可以全新开始，做正确的事！

我们发誓会慢慢地，有条不紊地拆开箱子，让每件东西都找到其特别的位置，处理掉那些不属于这里的东西。我们渴望一切井井有条，完美有序。但是慢慢地，生活就开始碍手碍脚了：我们不得不开始做一份新工作，给孩子找学校，招待客人，为乔迁之喜的聚会而不得不装扮我们的家。我们须尽快把那些东西收起来，尽可能不打扰我们的日常生活，也没有时间来判断每件东西的价值了。我们全力以赴，把搬家过来的东西收藏起来，把空箱子扔到阁楼或地下室里。

好啦，现在总算到了可以重新开始的时候了。我们不会腾空房间，或把屋子里所有东西都搬到房子前面的草坪上。我们只需要重新做一遍搬家当天的事——但是，现在我们要做的，是把这个庞大的任务分解成一个个小任务。我们要在家的每一个区域都精心安排，做好每个开头。我们只是简单地一次挑选一部分来进行——可以像一个房间那么大，也可以像抽屉那样小——重新开始吧，就像我们第一天搬来时那样。

重新开始的关键，在于让每件东西都离开其原来的地方。如果我们从一个抽屉开始，那么就把它翻过来，倒出里面所有的东西。如果是一个衣橱，那就拆开它，把它拆开成钩子、杆子和搁板。如果是一个装了爱好材料的箱子，那就全倒出来吧。当你需要有地方来放你要扔掉的东西时，立即整理出整个房间，是有些挑战的；旁边的房间更方便，毕竟，在你需要把东西搬回来的时候，会少走些路，或者少爬楼梯。要是这也不可行的话，那就考虑把东西暂时先放在前门廊，后院或地下室；需要避免的，是花力气把这些东西再搬回要整理的房间。

彻底腾空你工作的地方很重要，这一点无论怎样强调，都不为过。我们已经非常习惯于在某些固定的地方看到固定的东西了，就好像它们已经获得了在那里永久居住的权利（不管它们是否属于那里）。很诱人的一种说法是："哦，对对，我知道它们放哪里，所以我只是暂时放一下，现在手头的活儿需要它——如果我要用的时候把它放回来，那现在把它拿走有什么意义呢？"

不——拿走，全部拿走——每件东西都拿走。有的时候，我们只是习惯于在某个地方看到某件东西——要是没有那件东西的话，那地方看上去多棒啊——这样的习惯，会彻底改变我们对那件东西的看法。客厅角落里的那把破椅子，只要你能记起来，它就一直在那里占据一席之地；它就像这家里的一员了，搬走它，觉得是一种背叛（甚至会遭到天谴的）。不过，一旦我们把它放在后院，日晒雨淋，你会突然觉得它只是一把破旧的，被遗弃的烂椅子而已。谁会想着要把它搬到屋子里呢？尤其是以前放它的那个角落，现在看上去又干净又宽敞……

> 你做决定时，考虑留下什么东西，而不是打算要扔掉什么，这种时候，整理就变得极其容易。

你做决定时，考虑留下什么东西，而不是打算要扔掉什么，这种时候，整理就变得极其容易。这也是为什么重新开始——把房间腾空，所有东西搬出去，然后再把需要的东西一件一件搬回来——是非常有效的办法。选中的都是你真正喜欢和热爱的东西；挑选出宝贝来珍藏，比挑出东西去扔掉有趣得多。艺术博物馆的馆长最初也是面对空荡荡的博物馆，然后开始一件件挑选最好的作品，美化博物馆。好啦，我们也是馆长，是我们自己家里的馆长。我们决定哪些东西能改善我们的生活，然后把它们带回家里。

记住，那些被我们选中的，被安置在我们生活中的东西，只能讲述我们自己的故事。我们希望，那件东西不是意味着"我宁愿活在过去"或是"我做事有始无终"。相反，我们的目标要类似于"我现在生活得非常轻松，优雅，我只拥有有用的、美丽的物品"。

12
废物、宝物和转让物

我们现在已经把屋子里的东西都清空了，接下来就需要对它们进行分类整理了，并决定怎么处理。我们把这些东西分成三类：废物、宝物和转让物。第一类，拿一个大的，耐用的大垃圾包（要是你只处理一个抽屉，就用小一点的包也成）。后两类，用盒子和防水布，或者任何对你在处理时更方便的东西。

手头得备好额外的一个箱子——我们称之为"暂时待定"（也就是，这个箱子用来放那些我们暂时无法决定是否要的东西）。当我们在挑选的时候，会碰到一些无法确定是否保留，但也没准备要舍弃的东西。也许我们只是需要一点时间来再想想。我们不想让这些棘手的事情带我们偏离轨道，也不想减缓整理的势头，所以，如果我们就某些东西的去留无法迅速做出决定，那么就把它们放进这个箱子里吧。稍后，我们重新审视一下，再把它放进某一堆东西去。

说实话，很可能到最后，我们会有满满一箱暂时待定其去向的东西，即使在我们深思熟虑后，也无法决定。遇上这样的情况，那就把箱子密封起来，用擦不掉的记号笔在箱子上标注日期。把这类

PART TWO: STREAMLINE | 第二部分 精简

物品放到临时储存的地方去：地下室、阁楼、车库，或者是壁橱的后面。假如，六个月后（或一年后），我们也没有将之取回，那就送到最喜欢的慈善机构去吧。这个箱子只是作为最后的一道防线——而不是避免做决定的一个借口所在。其意义并非要挽救这些东西，而是拿走它们，给你真正需要的东西留出空间。

所以，现在让我们开始处理那些废品吧：这事儿做起来小菜一碟，很简单。扔掉那些明显是废品的东西，比如，食品包装、有污渍的衣服或破衣服、过期的化妆品和药品、坏了的食品、坏了的笔、旧日历、旧报纸、小册子或宣传册、垃圾邮件（邮寄的宣传品）、不能重复使用的瓶子或容器、任何不能修好或者不值得修理的损坏的物品。如果那件东西都不值得捐给 Goodwill[1]，那就把它扔了吧。

当我说"扔掉"这词的时候，你得明白，我的意思是指"如果可能，尽量使其能回收"。尽管我们往垃圾堆里扔东西非常容易，但我们必须将环境铭记于心。在我看来，我们当中，绝没有人愿意为未来几百年里垃圾堆里的某些东西负责。所以，宁可广结善缘，尽可能地回收：许多社区都回收纸板、纸、玻璃、金属和塑料。当然，在你扔掉什么东西前，想一想是否有人需要这件东西；如果有人要，那么就把它放到"转让物"中。把不需要的东西送给需要的人家，总好过扔到垃圾箱里或回收物品处置厂——即使要花更多的时间和

译者注：Goodwill 指美国的慈善连锁店，专卖捐赠来的二手货。

努力。我们不得不对我们购买之物的整个生命周期负责，包括对它们的处置。当你购物时，请注意以上所说的这些问题——实际上，这是减少冲动消费的一个非常有效的办法。

被列入"宝物"堆的，是你要保留下来的东西。宝物，顾名思义，就只能是你真的宝贝的东西，或是因为好看，或是因为有用。假如某件东西你已经有一年以上的时间没有用过了，那么它就可能不属于这里了。考虑一下，送给更需要它的人吧；或者你难以决定是否不要，那就把它放到"暂时待定"的箱子里去吧。我们不想让宝贵的空间被无用的东西所占用；我们想把空间留给好东西！处理小玩意儿，收藏品，以及其他的装饰品时，也用以上相同的办法：如果你没有自豪地，放在突出的地方展示它们；如果它们的存在没有给你带来真正的愉悦，那给它们找个新家吧，一个让它们得到应有的重视的地方。

最后，我们讨论转让的那堆东西吧。放在这堆的东西都是好东西，只是它们对你益处不大而已。让这堆东西离开，不要觉得内疚；给它们自由，给它们的生命一次新的机会。首先，要抵制冲动，认为保留某些将来有一天可能会需要的东西——如果那东西现在你都没用它，那很可能你永远不会用它。如果出于某种原因你用了，你还能找到它吗？它现在还能用吗？或者你将来可能会把它用完，另买崭新的？如果这件物品比较容易获得，或者可替代的，那最好现在就让别人拿去用，这比让它一直等着被你使用要好得多，也许那一天永远不会到来呢。

在挑选的时候，你把转让的这堆物品分成两部分：赠送的和出售的。大方点吧！那些在你屋子里坐冷板凳的东西，对你毫无用处，但在你家这些爹不疼娘不爱的东西，可能对别人，尤其是真正需要它们的人来说，那可真是让人快乐的宝贝啊。给别人快乐，同时也给自己一个鼓励自己的机会。知道自己是在做好事，这会让你扔掉它们时心里轻松得多。 如果你一时想不起合适的接收者，那就把它们提供给全球捐赠网（Freecycle）。你只需简单地把要贡献出的东西列出来，有兴趣者会联系你，拿走它们。另一种途径是，把那些你极少使用的物品给那些会经常使用的人—— 比如，把你的电锯送给你做木工的邻居，或者是把你的缝纫机给做裁缝的表姐——如果将来你需要的话，可以从他们那里借。

> 但在你家这些爹不疼娘不爱的东西，可能对别人，
> 尤其是真正需要它们的人来说，那可真是让人快乐的宝贝啊。

别担心，你用不着花上数周时间来把你的东西列出来，求收养。如果你没有时间，或者你没有给它们找某个具体地方的倾向，那就给慈善组织吧，那里需要许多的物品。Goodwill、救世军（The

Salvation Army）、红十字会组织、宗教组织、无家可归者庇护所、家庭暴力庇护所、二手商店、老人中心[1]等机构，随时准备接受你的捐赠，转赠给最需要的人。

你不要的那些东西，可能对你的社区大有裨益：考虑一下，把你不要的书捐给当地图书馆，办公用品捐给孩子就读的学校，宠物用的东西捐给动物收养中心，职业装送给公益组织 Dress for Success[2]。你慷慨捐赠的东西可以减税，所以请保留好捐赠的东西和它们的价值，并从相关机构获得收据。

把不用的东西卖给其他人，是缓解你处理物品焦虑的另一个有效途径。有时候，你要是能换回部分或全部的钱，那舍弃东西就容易得多了。实际上，那些换回的现金比物品本身带给你的快乐要多！你有机会选择在何处去兜售不想要的物品，从传统的到高科技的，都有。如果你要处理的东西量大价低，那就组织一次车库或园子售卖会吧，或者是把它们放到寄售商店去。如果是一些独特的，有收藏价值的，价格昂贵的物品，那就在互联网上进行：试试网上大型免费分类广告网站如 Craigslist，或者拍卖网站如 eBay。你甚至可以在网上出售二手书、旧唱片、旧影碟、旧的电子游戏，以及其他二手物品。

译者注 1：Senior Centers，是美国老人公共活动场所，相当于中国老年活动中心。
译者注 2：www.dressforsuccess.org，美国公益组织，专门收集职业装，送给低收入的职业妇女使用。

太棒了！现在你已经建立好你的分类系统，知道什么东西该放在什么地方了，那就可以着手清理东西了。你要像一道激光束那样专注，整理抽屉，壁橱，或你选择重新开始的房间。要把它当做是一件有趣的事来做——播放一些欢快的音乐，在分类堆放的杂物旁翩翩起舞，和你那些即将离去的东西吻别吧！一旦你把每件物品分类后，那些放在"废物"和"转让物"堆里的东西就像买了一张出发的单程票——而你留下的那些"宝物"，将和你的生活更亲密。

13
留下每件东西的理由

当你对那些东西进行分类挑选时,停下来想一想,这件东西为什么要放在"宝物"那一堆里。没有免费入场券!戴上你那顶看门人帽子,守在宝物馆大门,询问每一件想要进门的物品:确保它们有足够的理由跨进你家的大门。仅仅是因为这件东西是件流浪儿(你从商务会议带回的大手提袋),或者是给某件东西找个收容的地方(你姐姐给你的中国瓷器,因为觉得和她家不太搭),这并不成为它们能通关的理由——必须有定居于此的积极的理由。

你可能会遇到这样的情况,有些东西放在家里似乎天经地义——但是你已经有了和它们一样(或者几乎一样)东西了。极简生活就是要去掉这些多余的东西,所以,把这类"复制品"从你的"宝物"堆里拿走吧。那么,这么多同类的东西是怎么进入到你家里的呢?有的时候,它们可能是礼物。但是,另一些时候,你可能买了新东西,原有的旧东西也留下了。你买了一台新电视,就把旧电视挪到了卧室;买了新餐桌后,旧餐桌就被搬到了地下室;新鞋进门后,那双破旧的鞋,留着下雨天穿。最好的留下,其余的清理掉。

其他的物品不单个出售，买的话就得买许多：能想到的东西，如回形针、橡皮筋、发夹。当你买这类东西时，通常是买许多，几乎用不完的那么多。还有其他的东西——比如，笔、纽扣、安全别针——似乎也会自愿买不少。多买的结果是，这些东西一直放在抽屉最里面，自生自灭，无人过问。但是，我们来做些调整：假如你不能预想出自己是否需要 1000 枚回形针，或是 100 枚安全别针，那就保留合理的数目，放过多余的那部分吧。如果你只是需要一捧，那又何必留下一桶呢？

> 我们的生活中，可以只用百分之二十的东西，
> 但也没有发现生活有什么不同。

一旦处理好复制品类的东西，就该仔细审查留下的那部分东西了。在你对每件物品做判断时，问问它有何用处，以及你使用的频率如何。（要是你不能回答这两个问题，那就把它从"宝物"堆拿开！）过去一年里你用过它吗？你希望最近能用上它吗？这件东西让你的生活更容易，更美妙或更愉快？怎样（改善你的生活）呢？这件东西保养和清洗容易吗？要是不容易，是不是值得？搬家的话，你会带它一起走吗？要是没有这件东西，你的生活会有所变化吗？

最后，不管其他问题怎么回答，务必要问这个问题：对你来说，

什么是最珍贵的？是这件东西，还是这件东西所占用的空间？

要是你难以做出决定，那就找一个客观点的朋友来帮你吧。对其他人解释这类事，有的时候多少有点尴尬：比如，你要把这些东西留下来的理由，要阐释清楚……有的东西看起来在你心里认为合理的，一旦大声说出来的话，就觉得非常滑稽。（"要是我晚上去做兼职歌手的话，我可能会用上这件羽毛披肩。"）而且，有第三方在场的话，你会更要面子——你不太可能会留下那些又旧又破的东西。但是，千万别找那种收集癖或多愁善感的人来帮你。除非，你能让他们带走一些你不要的"废品"。

在这个过程中，你将发现许多留下它们的理由：你常常用的东西；这东西让你的生活更轻松；你觉得它很好看；再找一件替换品很难；这东西功能太多了；这东西可以节约时间；这件东西是你继承下来的遗产，或是你家族的一部分。但另一方面，一个不太好的理由是，"这件东西可能以后会升值"。这种借口会让你的整理工作停滞，并让你不得不留下那些没什么用处的东西。要是发生这样的情况，你就上网做些调研吧。我们能想到的所有的东西，几乎都能在 eBay 拍卖网上找到，从古董珠宝到花里胡哨的饼干桶，一应俱全——这些东西都可以给你作参考（很可能的结局是，你卖掉它们了）。

当我们决定什么东西属于珍品留下来的时候，我们应当谨记帕累托法则（也被称为 80–20 法则）。根据该法则，我们把百分之八十的时间集中于百分之二十的物品。接着，重复一遍：我们把百分之八十的时间集中于百分之二十的物品。这意味着，我们的生活中，可以只用百分之二十的东西，但也没有发现生活有什么不同。哇——喔！这比我们想象中容易多了！如果我们家里的东西，大部分都很少使用的话，那么把它们处理掉，只留下基本用品，也就没什么问题了。我们只需要确定好百分之二十的那部分东西就成，如此，我们就顺顺当当地迈开步子走向极简生活了。

14
物居其位

万物各居其位，各得其所。记住这句咒语，要常常念叨，大声唱出来，梦里说出来——这是极简生活最重要的原理之一。当你每件东西都有固定的地方放（比较理想的地方在一个抽屉里，碗柜里，箱子里），那些被乱放的东西就不会在你家里闲荡，并杂七杂八地堆在一起。每件东西都放在固定的地方，这样的体系让你很容易就能发现那些不属于此地的东西——立即把它们从你家里清理出去吧。

给每件东西都找一个合适的地方，要考虑放在哪里，以及多久会用一次它。按照区域来划分你的房子空间。从大的区域划分，可分为：厨房区、浴室区、卧室区，以及家庭娱乐休闲区域。这当中的每一个，都可以再划分为小的区域：在厨房区，可分为清洁、准备，以及就餐等区域；浴室区则包括梳妆区和洗澡区。对每件东西来说，理想的安置地方取决于你使用它的区域，以及拿到它的便捷度。

我们讨论的这件东西是每天要用呢，还是一周，一月，或者一年用一次，甚至更少的使用频率？这个问题的答案决定了这件东西是放在你的核心圈、外围圈，或者是深储存（Deep Storage）。

站在其中一个区域里，两臂张开，伸展你的胳膊。这个区域定义了你的核心圈，这里放一些你频繁使用的东西——比如你的牙膏、洗碗液、支票簿、内衣——能容易够到的东西。你可以轻而易举地拿到这些东西，而不用弯腰，伸直，使劲或搬动一些挡在其中的东西，才能拿到它们。这样的安排，不仅能轻易找到和得到它们，而且也能容易舍弃它们。还记得那个法则吗？对，你的核心圈只放百分之二十的东西，那些你百分之八十的时间里关注和使用的东西。

你的外围圈相对而言，距离你远一点，获取的难度大一点，是存放你不太常用的东西。这些地方包括架子上的上面几层和下面几层，放在偏僻地方的壁橱，橱柜的上层，床底下等。这些地方可以放备用的化妆品，储备的清洁用品，不太常穿的衣服，包装纸和带子，专业的烹饪锅和厨房储备用品，以及其他许多你日常生活中不常用的东西。一条好的经验法则是：如果这些东西的使用频率低于一周一次，但高于一年一次，那么就放在外围圈里吧。

深储存（Deep Storage）则是特指你日常生活之外的空间，这些地方包括阁楼、地下室、车库。这些地方存放零配件、季节性装饰品、旧文件和纳税申报表，以及那些一年只用一次甚至使用频率更少的东西。但是，切勿把深储存当作一个万物筐，把不合适放在房间里东西全部都存放于此；让那里保持精简和简洁。要是那些东西，你从来不用也不看，也不是你必须无限期保留的财务或法律文件，那就让它们走吧。有的时候，对某些东西而言，最好的地方是别人家的屋子！

记住，"万物各居其位"同样适用于各类装饰用品。假如这件东西对你来说真的非常特别，那么就找个合适的醒目的地方展示它。它不应该被扔在一边，被丢在周围，被放在偏僻之地，或者是被迫在一堆乱七八糟的东西中争个容身之地。当然，它也不应当被塞在地下室的某个箱子里！就装饰品来说，最关键的一点是要被看见；所以，如果你把这些东西（除了季节性的用品外）藏在你的视线之外，那么你就该好好问问自己，你留这些东西干什么呀？

> 杂乱是一种群居动物，单独一样东西，它就无法生存。
> 一旦你在客厅里随意乱挂几件东西，一件会引出另一件，
> 很快整个房间就会挂满了。

一旦你给每件东西都指定了合适的地方，那么就记住第二部分：物归其位。要是那些东西仍然乱七八糟遍布你的房间里，那又何苦给它们找个合适的安置地方呢？有鉴于此，就请在架子、抽屉、箱子等贴上标签，写上里面装了什么。然后，每个人都会清楚地知道，这些东西用了之后，该放回哪里去——你不太可能会在装袜子的抽

屉下面发现开瓶器；你也不太容易能找到放在烘焙用品里的订书机。

让你自己，以及你的家人养成收拾东西的习惯。整洁的房间会让那些乱七八糟的东西无处可藏。脱下的衣服，请把它挂起来（或者放在洗衣篮里），而不是扔在地板或椅子上，乱堆乱放。香料，调料，厨房用具等，用了之后务必放回原来的位置，而不是随意搁在台子上。鞋子也放在固定的地方，而不是在屋子里乱扔。书看完后放回书架，杂志也放回到杂志框里。鼓励孩子捡起自己的玩具，玩了之后收拾。

实际上，无论何时，只要你离开房间，就务必把散在各处的东西收起来，放回它们各自的位置。这个简单的习惯只花你每天几分钟的时间，但是会让你的房间大为改观。杂乱是一种群居动物，单独一样东西，它就无法生存。一旦你在客厅里随意乱挂几件东西，一件会引出另一件，很快整个房间就会挂满了。

但是，如果所有东西都有规律地放回原来的地方，那些貌似无处可去的东西就不会有乱扔乱放的空间。这就像抢凳子游戏：当音乐停止时（或者一天的活动结束后），那些无所可依的东西就不会留下来。

现在我知道，你们当中有些人，缺乏储存空间的这部分人，可能会大呼冤枉。你甚至都没有足够的空间来放东西，怎么又可能给每件东西找个安置的地方呢？千万别泄气——你已经够幸运啦！放

THE JOY OF LESS | 少 的 乐 趣

东西的空间越大，想保存的东西就越多——那些你根本不需要的东西。那些衣帽间和多出来的橱柜必须要能激发你收拾整理的动力才行，而另一方面，你会从那点粗暴的爱中获得好处。空间小是一笔资产，而不是负担，这会让你踏上极简生活的快车道。

15
清理所有的台面

台面永远是杂乱的吸铁石。当你手上拎满东西走进前门后，我敢保证，你手里那些东西会顺手放在第一个可用的台面上。对没有安身之处的物品来说，那又大又平的广阔空间有无法抗拒的诱惑力，你几乎能感受到其引力。

仔细环顾一下你房间里的那些台面。你的餐桌上，除了盘子、餐具、摆在餐桌中间的摆设之外，还有其他东西吗？你的咖啡桌上是不是任何东西都可以放上面呢，比如刚喝的饮料或刚吃完的快餐？你能停止在桌子上摆放除了台灯或遥控器之外的其他东西吗？你的床怎么样？床上是不是只有你晚上睡觉用的床单，被子和枕头？厨房的台面是否清理过，给下一次烹饪做好了相关的准备？你的书桌上，还有多少空地方？

如果你不是一个崇尚完整的，彻底的极简生活的人（或者是一个非常棒的主妇或管家），很可能你会纠结于台面清理问题。也可能局限于某个区域，比如你的书桌或工作间；或者房间里所有的桌子和台面。也许台面上堆积乱七八糟的东西只是短期现象，可能是因为孩子们突然对手工活感兴趣所导致的，或者是你从办公室带回家的工作所引起的。另一方面，这个问题或许已经存在了数周、数月、甚至数年了——以至于你已经不知道你家客厅的桌面原来的样子。

你会问，代价是什么？好吧，没有整洁的台面，我们就没有足够的空间来做事。清理家里的各种台面，潜力无穷，充满了各种可能；那是奇迹发生的地方！想一想，当家里的各个台面被杂物挤占的时候，我们有哪些事儿做不了：我们没有足够的空间来准备晚餐，我们也没有地方和家人坐在一起，享受家庭之乐，我们也没有足够的空间和家人一起玩游戏，我们没有地方放账单、做家庭作业或者享受我们的各种爱好，某些时候，我们干完一天工作，甚至都找不到一个地方躺下来休息。

台面不是用来存放东西的地方。

别担心！对付家里杂乱的台面问题，所需要的只是一个全新的态度，以及满腔热情地遵守以下规则：台面不是用来存放东西的地方。相反，它是用来活动的，需要一直保持整洁。把极简生活法则付诸实践后，你会收获激动人心的果实：不仅是你的家看起来更整洁，更井井有条，更宁静，而且，它会变得非常容易清洁，用处非常多。

为了实现这个目标,我们不得不改变我们对台面的思考方式——尤其是,我们如何看待其物理性能。就其本性而言,台面天生就有黏性;它们又大又平,特别适于给各种东西提供休憩空间。一旦这些东西搁放于此,那自然就会躺在那里,会放几天,几周,甚至几月。有时放的时间太长,以至于我们再也不会注意它了。我们慢慢习惯了它的存在,然后它就成了家里"自然景观"的一部分了。然后,另一件东西加入……越来越多。在我们意识到这点之前,家里的那些台面已经不再"光滑"了,而被那些"黏"在上面的乱七八糟的东西弄得"崎岖不平"。

相反,我们需把家里的台面想象成光滑无比的样子。如果它们像冰面一样光滑,或者只有几度的倾斜,那就没有任何东西能在上面待得住了。我们可以在上面做任何事,但事后留下的任何东西都必须立马滑走。除非有人发明一个诸如"神奇的"极简生活工作台面(麻烦您给我这个超级创意付费吧),否则,我们就不得不假装我们的台面就是光滑无比的样子。也就是说:我们放在光滑台面上的那些东西,在我们离开时必须同时离开。如果我们把一个茶杯放在咖啡桌上,放一本书在茶几上,放一件手工在餐桌上,那在我们起身离开时,就把这些东西拿起来,带走——鼓励其他成员也这样做。

唯一的例外包括:那些被固定放在某些特殊台面上的东西——比如,餐桌上的装饰品和烛台,或者茶几上的阅读台灯。这些有特殊的"豁免权"的东西，还包括咖啡桌上的遥控器，厨房台面上的饼干罐，床头柜上的闹钟。但是，如果你选择在桌上放一些有用的或装饰用的东西，那就限制数量——比如，每个台面上只准放三件永久存放的东西。这样会避免杂物堆积，从功能上减少，只放那些值得放的东西。

最后，请不要忘记家里最大的台面：地板！这也是挑战最大的地方，因为它是如此之大。当我们的桌子、橱子、抽屉都满了的时候——或者是当我们不想收拾东西的时候——那我们就倾向于把东西堆在地板上。切勿向这种诱惑低头！地板没有严格的边界（不会有任何东西从地板上掉下来），所以一旦把东西扔在地板上，就会随便乱放，扩展，扩展，没有边界。我曾经身处那样的房间里，地板上堆满了东西，几乎无处落脚，只留下狭窄的一条小道用来通行。你几乎不能移动——更不用说要在这里完成任何生产意义的事情——在这样的环境下。让你的地板给脚和家具留足空间，同时也保持地板的空旷，不给其他任何东西占用。

竭尽全力清理好家里的各种台面后，我们就有了强烈的动机来让其保持现状了。有谁愿意来做这些繁重的工作呀？维护他们最有效的办法，是养成"扫描"的习惯。在你离开房间或关灯之前，检查一下桌子、工作台、地板等。如果这些地方没有保持应有的光洁，那就花上几分钟的时间清理一下吧。这种快速且简单的举动会慢慢让你的家里永保整洁,远离杂乱。记住这条规则:要是房间空荡荡,那么台面也要空荡荡。

16 模块

在这一节,我们将学习一种非常宝贵的有条理的整理办法,让我们来抗击杂乱,保持家里东西的井井有条,并在很大程度上帮助我们实现极简生活的目标。

在前面的章节里,我们谈到了区域划分问题,也就是,根据房间来分类(比如厨房区、洗浴区、卧室区),和房间的每个部分(比如客厅里的电视区、娱乐区、电脑区)。这种想法是,把那些和某个区域有关的物品,放在那个区域,而不是随便放在房间的其他地方,毫无头绪。然后我们进一步把每个区域分割成更小的核心圈,外围圈,以及深储存——分别放置我们常用的,偶尔用的,或极少使用的物品。

现在我们通过把物品分类来整理更多的东西。模块(modules)的概念来自于系统设计;基本上,它的意思是把一个复杂的系统分解成更小的,特定任务导向的成分。比如,一个电脑程序,可以由数百万的指令组成。为了记录或跟踪它们,程序员们会把它们整理成不同的模块——一组组执行特殊任务的相关指令。用这种方式,可以更有效地储存指令，在项目中也更容易移动。

好，我们的家庭生活也是一个相当复杂的系统，有大量的东西需要储存和记录。那些东西要是有一个更有效的安排，那一定会获益匪浅——所以，让我们接受"模块"这个概念，并立即运行！就我们的目的来说，一个模块就是一套相关的东西，那些为了实现某种功能完成某项任务而存在的东西（比如，付账单或者装饰蛋糕）。为了创造这些模块，我们需要把功能相似的东西聚集在一起，把多余的部分去掉，并确保在需要它们的时候，我们能轻易拿到，也容易移动。简而言之，我们需要合并、挑选，以及收纳我们的物品。

> 收集你的物品，可以让你清楚你到底有多少东西。

第一步是收集相似的东西。把所有相似（或相关）的东西放在一起：碟片、电线延长线、回形针、急救用品、工艺材料、五金、照片、香料，等等；你明白了吧。合并东西可以让你更容易找到它们。当你要用绷带的时候，你就不用把浴室柜给拆开了；只需直接去急救模块拿就行了。当你想看喜欢的一部碟片时，你也不用把整个架子搜查一遍，翻遍卧室，或者爬到沙发底下去找；那张碟片正静静地等候在碟片模块区呢。当你在家里修理东西，需要找一定尺寸的螺丝时，你不用把地下室翻个底朝天，只需去合适的五金模块区，从那堆东西里拿出来即可。

甚至从更重要的方面来说，收集你的物品，可以让你清楚你到底有多少东西。当你把63支圆珠笔放在一起的时候，你就会明白，你不需要再买了。当你面对15副耳环时，你知道，你不会在耳环上面任性挥霍了。这个办法，特别合适用来减少那些工艺材料，它们总是不知不觉地出现在房间里的任何一个地方，到处都是；实际上，把这些材料堆在一起会让你幡然醒悟。（我到底是怎么弄到这么多纱线的？）这个办法，也会让你避免不小心带回来一些"复制品"，也就是，那些家里已经有了的东西。有多少次，你跑出去买回来的东西，是后来发现家里早已有的玩意？能快速检测出这类东西的合适的模块区，可以减少大量的不必要的杂物和花费。

现在对于初露头角的极简生活主义者来说，需要完成的任务是：一旦你把相似的东西积聚在一起后，就到了对它们进行挑三拣四的时刻了。在你整理合并这类东西时，你无疑已经发现了多余的物品；减少它们，只保留你目前真正会用到的，以及将来现实中会用上的东西。我们当中，几乎没人会需要装废品的抽屉里放的编织袋、筷子和火柴盒；处理掉一些吧，留点空间出来！同样，当十支笔就够的时候，我们为什么要保留63支呢？我们算算一支笔能用多久：如果每支笔能用六个月，乘以63支的话——估计大部分笔等用到的时候，墨都干了。彻底检查一下收集起来的东西，只留下自己最喜的即可。同样的办法也适用于袜子、T恤、咖啡杯、塑料袋、擦手用的小毛巾,以及其他的东西,你大量拥有的东西。

最后,一旦合并和挑选好东西之后,我们就需要把它们装好;这个步骤的意义在于,不让这些东西再有机会在房间里随意摆放,乱丢乱放。装它们的容器可能是抽屉、架子、盒子、塑料的储物箱、带拉链的自封袋——不管是什么容器,只要尺寸和大小合适就成。我喜欢透明的箱子,这样可以不用打开它,里面装的东西也能一目了然。如果你用不透明的东西来装,那么就贴上标签或标上彩色代码,以便容易辨识。

用物理容器的好处是可携带。假如你和家人一起看影碟的时候,你想一边看一边做点编织的活儿。那只需要检查一下编织的模块区,就做好了准备工作了。当你结束的时候,就不会忍不住把东西留在咖啡桌上;只需要放回装它们的容器,很快就清理干净了。如果你没有一个专门的办公空间,那就把你的支票簿、计算器、笔,以及其他办公用的设备等装在办公模块里,放到客厅、厨房或其他地方,需要付账时再打开。教会孩子们也用同样的办法来整理他们的玩具、书籍和游戏等,这样每天晚上临睡前,你就少了许多收收捡捡的整理工作。

在收纳之前,我想强调归纳和挑选的重要性。经常出现的情况是,当我们有了简单化的冲动之后,往往会冲出门外,到离家最近的出售整理归纳物品的超市去，买回满满一箱的漂亮的收纳物品。我们认为，只要把东西放进整洁的小箱子里，我们就自动地创造出有序安宁的感觉。但是假如我们没能先把垃圾从珍品中清除，那也就是空转车轮，原地不动，毫无进展和效果。那些收纳盒可能会让我们的房间看上去整洁，但除了藏匿垃圾之外，它们并无更高尚的目的。不是让我们的家（和生活）简单化，而是整理我们的杂物。

反之，在你把东西放进箱子之前，尽可能地多整理一些东西。首先是减少不必要的东西，留下必需品，然后找到方便的办法把它们放在屋子里。极简生活，意味着我们要多走一步，而不是简单地清理我们的家，也不是简单地让家里的东西更有条理。在构建模块的过程中，我们建立了一个系统，减少和抑制多余的东西——这让我们拥有的物品和需求相当，实际上也就是限制了它们。

17

限制

极简生活方式,意味着经常检视我们拥有的物品,对此最行之有效的路径,是设立相关的限制。好吧,我已经听到你们在想什么了。"哇,等等!限制?我可不干,我不想要被剥夺的感觉……"没必要担心——只是限制你的东西,又不是限制你!这有助于你控制你的东西,所以你就会有更多的权力,更多的空间了。限制是给你打工,为你所用,而不是与你为敌,反对你。

来看一个关于书的例子。我们都非常熟悉,书是如何快速积累起来的。我们买了一本书,读完,多多少少它会在我们的收藏中占一个永久性的地方——不管我们是否喜欢它,或者是否愿意将来再打开它。我们推断,我们付钱买了它,投入了时间和精力,所以最好有个东西来证明这一点。有的时候,我们留下大部头的书,只是为了证明自己读过它。(坦白吧:谁读了书架上的《战争与和平》?你真的会再读一遍吗?)也许,我们的个人图书馆越大,我们会觉得自己越有知识。

记住:你和你拥有的东西是两回事。即便把所有的书都储存起来，也不会让你更聪明；只会让你的生活更杂乱。与其把读的每本书都收藏起来，不如设个限制：比如，把书的数量限制在能轻而易举地放在你的书架上（书架有多大，就装多少书）。千万别让书多得放在地板上，或茶几上，或者在房间的一边慢慢堆满，变成小型的书塔。把收藏的东西限制在其固定的空间，进一件，处理一件，有进有出才行。这样，你的图书室会变得非常特别，只有一些你最喜欢的、也是最新的书籍——享受精读的乐趣！把多余的书进入流通领域：捐赠给当地图书馆，或送给朋友和家人。

限制也帮助你阻止不断增加的工具材料。不管你是否喜欢制作珠串，喜欢编织、剪贴、建模、做木工活儿，还是制作肥皂，你都想把和它们相关的东西局限于一个储存箱里。箱子装不下的时候，那就在买新的之前，用掉一些旧的材料吧——这是一个强大的动机，可以让你完成已经开始的项目。不仅会减少那些杂物，而且会让你有较为清晰的反思：你真的喜欢做那件工艺品吗，买了那么多的材料来做？要是答案是"不"，那也许你就该重新思考你的爱好了；假如你的回答是肯定的，那就应该轻轻松松地用光那些材料。

限制可以，也应当用在每一件东西上。给你的那些东西设定界线，是非常有趣的事：把你的碟片数量限制在指定存放它们的架子上，所有的毛衣都放在指定的抽屉里，所有的化妆品放在一个化妆箱里。限制鞋子、袜子、蜡烛、椅子、床单、锅、切菜板，以及收藏品的数量。限制杂志订阅数量，限制咖啡桌上东西的数量。把你的节日装饰品限制在一个箱子里，运动设备限制在车库的一个角落里。限制你的盘子、杯子和厨房用具的数量，使之正好够全家使用，限制你的园艺设备数量，够你的院子用就行。

  在过去，限制更多是由外部因素产生的：更重要的，是材料的价格和可提供性。那时的许多东西一般是人工做成的，而且只在当地供货——和现代社会相比，那些东西会越来越稀缺，也越来越贵（和收入相比）。一百年前的极简生活是容易的事，因为要获得必需品已经很难了，更何况额外之物。在物品不再稀缺的时代，这样的生活更难了——更不用说其他的东西。现在，我们可以迅速到当地超市，买到心仪的任何东西；大规模生产和全球分销使得消费品价格便宜，随处可买，并容易获得。当然，这是非常方便的；但是正如我们大部分人所知道的那样，获得东西太方便，好事也变成了坏事。假如自己不主动限制消费的话，我们最终会淹死在乱七八糟的东西中！

  给自己设限不仅对你本人有好处；也会让你的家人能轻轻松松进入极简生活方式中来。向家人们解释清楚，东西一定要限制在为其分配的空间里——当东西太多超过界线时，他们肯定会减少或舍弃。把孩子们的玩具限制在一个或两个储物箱中，把你家美少女的服装限制在她的衣橱里。他们都将极大地从这个指南中得到好处，并在将来的生活中也养成这个有用的习惯。最起码，每个家庭成员的东西都被限制在他们各自的房间里——儿童房或游乐室，或者配偶的办公室，做手工的房间或工作间。用这样的法子，你能防止私人物品无节制地侵犯家里的空间。

当然，关于家里的物品，最基本的设限范围取决于房子的大小——作为极简生活践行者，将来自然有一天你会决定减少房子的面积。家里的东西无限铺陈，会填满每个可及的空间（我非常肯定，这里面有一个物理方程来核算！）。对空间进行限制，意味着减少东西、减少杂乱、减少焦虑、减少压力。如果没有大房子，那你就不能拥有满满一大屋子的东西。

我们可以想象一下，从一个单间的公寓搬进一个带阁楼、地下室，以及两个车库的公寓时，会怎样——那些储物空间无疑会很快被塞满东西，只是因为它们在那里，是空间。当你住小公寓时，决定不用那辆室内健身脚踏车的话，你可能会把它处理了；但是假如你住的是大房子，很可能它就被搁置在地下室了。小的寓所，自然就会限制住你所拥有东西的数量——在小房子里，极简生活方式变得更容易实行。

也许，设限一开始会让你感到压抑和窒息；但很快你就会发现，这绝对是一种释放！在这样的文化中，即我们大家都习惯于多要、多买、多做，那么设限的办法一定会让你大大地松了一口气。实际上，一旦你体会到限制的乐趣，你就会得到鼓舞，会把这个办法运用到生活的其他方面。给承诺和活动设置数量底线，你会获得从容不忙碌的生活，获得更多的宝贵时间。限制花销，可以减少你的信用卡账单，让你的银行账户收支平衡。限制加工食品、脂肪和甜食的吸收，可以缩小你的腰围，促进你的健康。凡此种种，皆有可能，而这种可能性……是无限的。

18
一物进、一物出

有的时候，我们整理、整理，越整理越多——但当我们环顾整理的房间时，却发现没啥进展。我们迷惑不解——塞得满满的垃圾袋，都被我们放到了路边；我们的卡车里，装满了送给慈善机构的东西；箱子里，也装满了送给姐夫们的东西。但是我们的橱柜里、抽屉里，以及地下室里的东西看上去并没减少。我们如此辛苦地整理收拾，我们想看到劳动的果实。问题出在哪儿？

把它当作一桶水的话，桶是房子，房子里的东西就是水。整理屋里的东西就像在桶底下凿了一个孔——当你扔掉那些不想要的东西时，就像是水桶里的水，一滴一滴地从孔里流出，慢慢会让桶里的水流干。太棒了，是不，听起来有进步呢！只要你再接再厉干下去，屋子里的东西就会稳步减少。

关键在于：只有你不往水桶里再加水，桶里的水才能真正减少。也就是，每件进入你家的新东西，就像是流进桶里的水，这个不禁止，家里的东西就不会减少。所以，如果你仍然逛街买东西回来，以及从商务会议上带回免费赠品的话，那么流出去的水就可忽略不计了（用处不大）。桶里的水永远不会流完，实际上，反而有可能会溢出来！

　　这个问题可以解决，只需你遵守一个简单的原则：有进必有出。每次家里增添新物品时，必须去除一件功能相似的物品。就这桶水而言，进来一滴水，就必须流出去一滴水。这个策略可以确保你家里的东西不会多得泛滥成灾，从而威胁到你所取得的成就。

> 每次家里增添新物品时，必须去除一件功能相似的物品。

　　在处理相似的物品时，"一物进、一物出"的原则最有效。衣橱里要添加一件新衬衫的话，那就必须取出一件旧衬衣。增加一本书，那就从书架上取下一本书。每新进一双鞋子，旧的那双就必须得滚开。如果添置一套新盘子，那么那套旧的，就请出去吧。如果新的羽绒被向你的房子问好的话，那么旧的那床被子，就得说再见了。要是新的漂亮花瓶在你家登台现身的话，那旧的容颜不再的那只花瓶，就鞠躬谢幕吧。如果你觉得有必要平衡家里的一些东西，也可以把这些东西的对应关系打乱了配置。比如，如果你的裤子多衬衫少，那你买一件新衬衫的时候，就清理掉一条裤子吧。但是，请一定要保持数量或尺寸的对等，别扔一双袜子却买回来一件外套——或者用一枚回形针换回一张办公用的椅子——这不符合要求！

常常，当我们买新东西的时候，我们总会保留那些可能被取代的东西。下面的做法将告诉你怎么减少东西：我们在家里好好检查一下，找出那些状态不太好的东西——也许已经过时了，已散架的，或者是已不能满足我们需求的。所以，我们开始进行购物计划，迫不及待抛弃旧的款式，以便把更好的，更亮的，更闪耀的，以及技术上更与时俱进的新款买回家。我们开始相关的研究，比较价格，阅读产品的评价，最后一个步骤是买回家。不过，这时候奇怪的事情发生了：当我们把光鲜亮丽的新产品买回家时，却发现，旧的那件看上去也不是那么孤苦绝望。虽然我们把这些旧东西当作"不是很好，所以不能再用"的那一类物品，但它们貌似还是那种"扔掉了太可惜"的东西。我们开始想象所有"我们可能会需要它"（但实际不太可能发生）的情况，（就好像我们期待所买的最新的、最先进的替代品，次日就不能用了似的）。在我们意识到这点前，那些陈旧的东西已经舒舒服服地藏在地下室或阁楼里了，只是因为"万一"将来某一天会用得到它们呢。

一物进、一物出的策略。可以帮助你拒物于门外——而不是待这些物品退休后收留它们。新的物品一进家门，立马和旧东西说再见。这个体系没什么秘诀，但它确实需要自律。以我的经验看，我们很容易欺骗自己，许诺很快会丢掉旧物。当你穿上新毛衣或使用一个新工具时，你可能会兴奋得不想去找一个合适的替换物。即便如此，你也要唤醒你作为极简生活畅行者的能量，在你打开物品悬挂之前，先把某件旧东西挪出去——因为，如果你不立即这么做的话，很可能你就永远不会遵守。到现在，我购买的新东西还原封不动地放在汽车后备箱里，直到我把某些旧物清理出去。

当你开始清理杂物的时候，遵守一物进、一物出的原则是一个很棒的权宜之计。这会帮助你控制物品的总量，并让你朝正确的方向前进。当你在"清洗掉"十件物品——做决定的痛苦，到鼓起勇气丢弃——的时候，结果却发现，你这期间竟然收纳了十二件新的物品，没有什么比这更让人沮丧了。坚持一物进、一物出的原则，会让你避免这种情况。从你遵守该原则的那一刻开始，你家里的物品数量就已稳定下来：只要你坚持下去，你就永远不会堆积无用之物。

但更好的做法是，继续清理物品，你会发现自己存放的无用之物越来越少了。既然你关闭了进水的水龙头，别让新东西进家门，那么桶底的水滴（旧物流出）就会流出更多，效果更满意。当然，削减的旧物越多，获得的报酬更丰厚，所以，在下一章，我们将把旧物流出的涓涓细流变成稳定的水流，更大程度地减少不必要的东西。

19

缩减

在前一章里，我们学会了运用有进必有出的办法来控制家里物品的总量。非常棒！现在我们总算不用担心会出现"进一步退两步"的情况了。这个系统运用适当的话，我们所清理的每一件额外的物品，都能让我们更大程度地接近极简生活的目标。

然而，为了真正地获得进步，我们需要把清理工作提升到更高的水平。精简的办法不是为了减少几件东西，然后就大功告成。恰恰相反！设计出这个体系，是为了帮助我们获得极简生活的"圣杯"：拥有足够满足需求之物即可——不需要更多。而且，具体到我们房间、衣橱、抽屉里的那些东西来说，我们的任务只有一个：缩减。

理想的情况是，我们把物品减少到最低的需求之物。现在，在你担心自己不得不住在帐篷或睡在地板上之前，我给你说说什么是基本的所需品。对不同的人而言，它有不同的定义。就一个生活在帆船上的极简生活爱好者而言，所需要的烹饪工具，只是一个电磁炉而已。但另一方面，对我们拥有厨房的人来说，微波炉、披萨盘、电饭煲等是不可缺少的物品。而他必需的潜水设备对我们来说，就是奢侈而无用的东西了。

我们个人的基本需求品取决于许多因素——比如年龄、性别、职业、爱好、气候、文化、家庭、同龄人等。对职场中的极简生活爱好者来说，需要置备礼仪所需的商务正装、皮鞋等，而在家工作的人，需要的衣橱就不用那么大了。有孩子的父母比独自生活的单身汉东西就多一些。书虫们的生活必需品就不同于体育爱好者。学生的基本需求品也不同于退休人员。同样的道理，男性对于生活基本用品的需求也和女性不同。

> 你必须决定哪些东西是必要的，
> 然后削减家里的物品，留下必需品。

不仅如此。对崇尚极简生活方式的人而言，他们的家里并不存在一份基本用品清单。实际上和流行的看法不同，甚至也没有一个具体的数字。你是不是拥有 50、500，或者 5000 件物品，其实都不重要——重要的是，这些东西对你而言是不是够了（东西不会太多）。你必须决定哪些东西是必要的，然后削减家里的物品，留下必需品。

接下来我们要进行的这个步骤，是把我们拥有的东西减少到我们各自的最优水平。无论什么时候，只要我们拿起一件东西，都应当停下来想一想，我们真的需要吗——或者是，没有这件东西，我们也可以过得去。在我们发现有多种选择时，务必要当即剔除多余的部分。当我们发现有一盒没用过的物品时，我们真的该认真考虑是不是要全部扔掉。好消息是：随着极简生活之旅的一步步前行，我们的必需品的数量会缓慢而坚定地减少。

　　除了简单地整理物品外，我们也可以通过更多更富创意的方式来减少物品——比如，尽量选多功能的东西，而不是单一功能的。有了沙发床，就没有必要添置一张客人用的床了。一台带有扫描功能的打印机，就可以减少一件办公设备了。一部智能手机可同时替代日历、腕表、计算器、记事簿等。我们的目标是，用最少的物品完成最多的任务。

　　出于同样的原因考虑，我们更愿意选择功能灵活多变的物品，而非专业用品。一个大大的煎锅完全可以取代满满一抽屉的厨具。就我们的衣橱来说，一双经典款的黑色无带平跟鞋就有双重用处，既可搭配工作装，也适合裙装——相反，那些紫红色高跟鞋就难以搭配服装，用处不大。不用买专用于洗手盆、浴缸、镜子和台面的各种清洁喷雾剂，只要一瓶全能清洁剂，就可以让我们的家洁净如新，熠熠生辉。

　　不过，在我们快乐削减物品的路上，会有一些东西挡在前方，阻碍我们继续前行——那些东西多半是其本身就被赋予情感意义的。带有回忆的东西，总是难以说再见。但不用担心——我们极简生活主义者有办法来解决。比如，将它们"微缩"是一个屡试不爽的切实策略。当然，我可不是说拿一把微缩射线枪瞄准它们（那样做当然很过瘾），而是指我们不必把所有的东西完整保留下来，只留下其中"一件"即可。这样做的逻辑是：如果某个物品旨在勾起我们的回忆，那么即便是很小的一件，也可以勾起我们相同的回忆。

用这条策略清理一下你的那些纪念品吧：旧婚礼礼服、圣诞套装、婴儿被、毕业纪念品、运动套装、印有纪念字母的套衫等。比如，不用留下整套的婚礼礼服，只留下一小块布样就行了；把它和婚纱照、请柬或新娘捧花的干花一起展示。不用找地方藏你的学位帽，留下绶带即可。用同样的方法处理你继承的收藏品——不要在阁楼上藏奶奶的那套（12件）瓷器餐具了，留一个盘子就行，摆在家里某个尊贵的地方。另一个做法是，给所有的物品拍照留影，然后清理掉；照片保留了记忆，且不占任何空间。

最后，我们还可以用数字化的方式来削减物品。音乐、电影、照片、电子游戏、书籍等，所有的这些东西，现在都可以转换成电子字符来保存。对于极简生活主义者来说，这实在是太棒了。

如果你全心全意地拥抱极简生活的话，你会不断地关注减少物品的新办法。花小钱办大事，把这当做个人挑战，探索各种可能性，你会乐在其中的。也许你会很吃惊地发现，没有什么东西是你不能缺少的！

20
日常维护

一旦我们完成了精简法则的每个步骤后——重新开始；把东西分成三类，即废物、宝物、转让物；确保留下的物品有值得留下的足够理由，让每件物品各居其位；保持屋子里所有台面的整洁；把要做的整理工作模块化；给拥有的物品设限；遵守物品的一物进、一物出原则；削减物品——我们就不能就此罢手，回到以前的老样子？绝不！我们需要保持一些日常维护工作。

极简生活意味着生活方式的变化。无拘无束地清理整理好所有物品，并对已做好的步骤打钩，逐条确认，我们要做的事不止于此。假如极简生活只是做好这些事的话，那很可能出现反弹的情况，会出现新的杂物积累。相反，我们需要改变我们潜在的态度（为什么要做心理训练的原因），养成新的习惯（为什么我们要学会精简法则）。学会极简生活，并非一劳永逸的活动，而是生活方式的彻底改变。

最重要的是，我们继续保持警醒，防止不必要的东西进家门。还记得我们讨论过怎么成为一个好的"守门人"吗？为了维护好极简生活方式，我们不可能会真正放松警惕；稍有松懈，情况就会变得难以控制。幸运的是，这项工作比听起来更容易做，很快会习惯成自然。我们只需要对进家门的东西——比如邮件、商品目录、礼物、免费赠品——设立常规的处理办法，并坚持执行即可。比如，在前门附近放些箱子，用来装回收或捐赠出去的东西，奇迹出现了——不费吹灰之力，你就把可能的无数杂物拒之门外。

然而，有时候看起来你一直处于防御的位置——单枪匹马阻止那些威胁你家的"物品海啸"。但是你也可以进攻啊。比如，你可以不要邮寄清单，取消杂志订阅，选择礼物交换，并向他人广而告之你正在追求极简生活方式。最后一点比你想象中的更重要：因为当看到你空荡荡房间的时候，你的亲朋好友可能会产生误解，以为你"缺衣少食"，需要"进货"。好的情况是，你可能会收到大量的礼品，而最差的情况则是，你会得到他们不要的杂货。

除了监控好前门外，你还得盯好那些杂物热点区。如你所知，杂货会催生杂货。一旦你把某件东西随手在某处放一会儿，那它就会舒舒服服地，在那里自动呼朋唤友（物品越堆越多）。千万不可让这些杂物聚会成功举行哈！赶走一个不受欢迎的客人，总比驱赶一堆人容易吧，所以，切勿开头。实际上，要是你不一开始就掐断杂物进来的苗头，你的预警雷达就多少会变得迟钝。想想看：一个非常干净的台面，和一个上面放了一件乱七八糟东西的台面之间，区别可大了。那件任性而为的东西实在太扎眼了吧。但是，再想想，放了一件东西的台面，和放了两件东西的台面，它们之间的区别就没那么突兀吧——放一件和两件，两件和三件（等等），它们之间的区别就更小了。最好是一看见杂物就立刻清理掉，而不要冒险让它越积越多，变成新的杂物泛滥地。

在这个过程中，你常常被迫处理其他人的杂物。一般来说，当你没法自由处理那些东西的时候，最好的选择是尽快归还给这些东西的合法主人。假如那些东西只是暂居你家——比如你姐姐搬家时藏在你家地下室的东西（到现在也还没拿走），或者朋友落在你家客厅桌子上的手工艺品——那就赶紧打电话或发邮件给他们，说明你正在清理家里的杂物，解释你所做的努力，并以此促动他们来拿东西。

可常见的情况却是，家里的那些任性乱放的杂物往往属于家中成员的。这样的话，就只需要把东西放回他们的私人空间里就行（就像是他们的卧室里，或办公室的门后）。这个主意不是让你成为每个人的仆人，而是构建一个自食其果的效应——强化这样一种观念，即任何侵占家庭空间的东西就会被立即"遣返"。运气好的话，家人在乱放东西前会知趣，会多想想要不要乱放。采取进攻的策略，主动把杂物让给其主人处置，并让他们来决定其去处，也是屡试不爽的法子。

此外，杂物整理不能停！用眼睛扫描一遍房间，只是最初的一步，不是清理工作的终极目标。事实上，这只是开始。你会发现，自己的极简生活能力随着时间的发展而增加——那些在你第一批整理中保留下来的东西，也许在第二遍清理中变得可有可无。正因为这个原因，我建议最好是循环清理；第一遍整理结束后，再过几周或几个月，你再好好环顾每个房间。你会用全新的眼光和更老练的视角来审视屋子里的物品。在这个过程中，你会开始体会到极简生活带来的快乐和自由——而这会让你激动并促使你整理更多的杂物。你会很惊喜地发现，在第二、第三、第四次（或者第十次、十二次）整理中，和物品说再见变得越来越容易了。

> 极简生活中最棒的部分是即时的回报：
> 每扔掉一件东西，就减轻一件东西的存货负担。

自然，熟能生巧。而且，不用一阵一阵地拼命清理，你不如采用如一天整理一次的，一种缓慢而稳定的方式来清理杂物。每天只需处置一件东西即可，可以是任何东西：一双破袜子，一本从不翻开的书，一件可以放弃的礼物，一件不合身的衬衫，或者是一本过期杂志。这事既不费力也不费时，但坚持下去的话，一年下来，你的家里会被清掉 365 件东西。为了避免扔掉有用的物品，可以在地下室或走廊壁橱里藏一个捐献箱。把你不用的东西一件件放到里面去，箱子装满后，把它捐到 Goodwill，救世军（the Salvation Army），或者其他的慈善组织。

另一种办法是，给清理工作设定具体的时间目标：比如，一周处理掉十件东西，或者一个月一百件。给不要的物品做一个流动标签，随时密切关注其进展，记录进展，维持你的积极性。最重要的是，要把它当做有趣的事情来做！极简生活中最棒的部分是即时的回报：每扔掉一件东西，就减轻一件东西的存货负担。每天坚持做，你会感到妙不可言。唯一后悔的是，自己怎么没有早点动手啊！

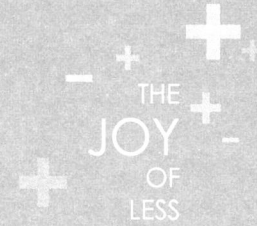

第三部分
一间间屋子来

现在,令人兴奋的时刻到了:你可以把我们讲过的整理技巧学以致用!在以下的章节里,我们会用精简法则 (STREAMLINE) 来整理每个房间——学习如何整理、收纳和维护每个房间的东西。阅读本部分时,请随时根据自己的需要,从喜欢的任何房间开始,也可以跳过一些房间。可以先易后难,也可以从小到大。总之,按照你觉得有意思的顺序进行即可。当你一个一个房间收拾过来的时候,更多的空间会在你的家里出现,宁静也随之在家里漫开。还等什么,甩开膀子干吧,给你的家来一次"极简美容"!

PART THREE: ROOM BY ROOM | 第三部分 一间间屋子来

21
客厅或家庭活动室

这一章里，我们重点关注客厅（或者你称之为家庭活动室的地方）。因为这个地方，是家庭成员聚在一起，以及接待客人的地方。在大部分家庭，这也是空间最大的地方。这里也是需要付出最多行动的地方，所以这里的清理努力会给整个家庭定下一个极好的基调。

不过，在工作开始前，你还是要离开房间。是的，你没看错。起来，走出屋子，关上门。当你站在室外后，请清空脑子里的任何胡思乱想，享受一会儿新鲜的空气。然后你回到屋子，你会发现，我已经用极简生活者的超级能力把你的房间清理好了！当然，这只是玩笑啦——但是，对这个练习来说，这一点有必要。

好了，现在你可以回到房间了——不过当你穿过前门时，假装自己不住在这里。推开房门，就像是一个首次来访的客人，用新奇而客观的眼光打量这个房间。

那么，你的第一印象是什么？你喜欢你所见到的吗？你的客厅看上去宁静有吸引力，让你不由自主愿意待在那里吗？或者是一个杂乱无章闹哄哄的地方，你恨不得拔腿就走？更直接一点：要是这些东西都不是你的，你还愿意坐下来，待在其中吗？

我们要用一种新鲜的眼光来考察客厅，这是因为当我们习惯这里后，所有的杂乱都会被我们熟视无睹。哪怕咖啡桌上数周，数月，甚至数年堆满了杂志、小摆设、手工艺品、孩子的玩具等，我们也会习惯，并听之任之。我们习惯了角落里的洗衣篮，习惯了沙发边成堆的书，习惯了电视及周围堆放的影碟。总之，我们对屋子的凌乱视若无物。

在对整个房间有了总体印象后，再仔细瞧瞧屋子里的物品。认真审视每一件家具、每一个抱枕、每一件小玩意儿。看看这些东西是不是有用，是不是好看？它们所在的位置是不是合适，是不是看起来和周围环境较协调？或者是，这里看上去就像是一个跳蚤市场——甚至更糟糕，就像是一个储物仓内部，乱糟糟的？假如把房间腾空，把这些东西搬到屋外的草坪上，你还愿意挪回它们吗？——或者，你很乐意把大部分东西驱逐？

整理

通常人们建议先易后难。想法不错，但这次我们来点不同的——我们先做"大事"。客厅里有大量的东西，这给我们提供了不少机会来实现"开门红"。只要清理掉一件不用的，或不喜欢的大家具，就有巨大的效果——给抛弃小东西提供了强大的动力：大的都扔掉了，小东小西算什么呢。一把破椅子，或一张独腿儿桌子，就像是一个塞子，堵住了你那一堆杂物清理工作；一旦拔掉塞子（挪走它们），清理工作就会喷涌而出，一发不可收拾地进行下去。

要好好选择第一件清理的大物件。每件家具，你都经常使用吗？或者是那些东西放在那里，只是因为它们一直在那里？想想你和你的家人是如何使用这间屋子的。你们是习惯坐在沙发上，还是地板上？角落里的那张椅子，有人会坐吗？要是少掉几件家具，是不是有更多的家庭活动空间（休憩，玩游戏，一起看影碟）？

> 要是你决定了要处理的大物件——但仍然有点犹豫不决——那就把这个东西搬出房间去。把它临时放在地下室或阁楼上，看看是否会有人想起它。

无论如何，千万不要觉得自己应该保留某件物品，只是因为别人的期待（比如，"天哪，要是我们连躺椅都没有的话，邻居们会怎么想？"）。

当我和丈夫在海外居住时，我们决定不用沙发。虽然我们从未见过谁家里不用沙发，但我们还是如此决定，原因很简单，沙发和我们的生活习惯不搭调（没有电视，也没什么来访的客人，晚上和周末我们常常外出到镇上去消磨时间）。我们的客厅里，只有两把休闲躺椅和一张咖啡桌。这三件家具已经足够满足我们的需求了。多一件就是冗余了。

要是你决定了要处理的大物件——但仍然有点犹豫不决——那就把这个东西搬出房间去，在外面放几天。把它临时放在地下室或阁楼上，看看是否会有人想起它。有时候，我们挪走一件东西只是为了有更好的视角来衡量它，挪走的话，更容易忘掉它。

清理掉大物件之后，就该挪动小东西们了——既然是客厅，这类物品就不会少。别惊慌，在这里，我们需要把清理工作分解成更小的，更容易完成的一个个任务。最佳处理方式是：一个架子一个架子来，一个抽屉一个抽屉做，一堆一堆清理。只需要把里面的东西清理（或者全部倒出来），再把它们分别放到几个设定的分类里：废物、宝物、转让物。最重要的一点是，要仔细耐心，别仓促而就。花时间把工作做得彻底——即使是清理每一个抽屉，也需花上几周或几个月的时间来分类。长远而言，这样的专注会带来更大的回报。

试着把房间里所有的装饰性，非功能性用品都清理走——把它们从架子、壁炉架、条案和边桌上挪走。装进某个箱子里，过一周没有它们的生活。有时，多余的物品会扼杀我们享受空间的快乐，而我们甚至没有意识到这一点。清理掉这些多余的物品后，我们会一下放松起来——就像是我们终于有地方尽情舒展自己，在房间里随便走来走去（而不用碰到或打碎某些东西）。对于被清理出来的空间，观察一下家人和来访的客人对此有何反应——他们更自在、更放松了吗？他们在那里是否行动更自由？他们更有热情参与家庭活动了？

我们得想更多的办法来削减东西。理想情况而言，我们只需拥有满足自身需求的东西。最低限度来说，客厅里需要有给大家落座的地方。极度简单的生活者（他们属于非西方文化的区域）会满足于在客厅里有几张坐垫。单身汉也许需要一张躺椅。另一方面，对于一个家庭来说，沙发是需要的。问问你自己——一个三口之家，真的需要配上八个座位的家具吗？家里来客人的话，你随时可以打开折叠椅呀（或者为了创造一个有趣的波西米亚氛围，可以躺在地板上）。也请考虑一下家具的覆盖区：我看见满当当的、尺寸过大的转角沙发几乎侵占了整个房间。这个庞然大物真有那么舒适、值得占用我们这么多的空间吗？换小一点，占空间少一些的东西，也能满足大家就座的需求吧？

接下来，我们谈谈桌子。再说一次，对大部分客厅来说，需要至少一张桌子来满足家庭所需。一张小咖啡桌也许是最合适的选择。假如这个房间也充当办公室或者作坊空间，那么就可能多需要一张桌子或工作台。除此之外，其他的桌子都是装饰用的，没实际用处。不妨深思熟虑一会儿，想想现在房间里那些茶几、边桌、条案等到底需不需要。

另一个办法是尽可能选用功能多的家具。正如前文所提过的，沙发床既可以满足沙发的功能，还可以给客人当床用。有一个带抽屉或橱柜的咖啡桌，就不必在房间里添置其他储物家具，节约宝贵的地板空间了。这个办法同样适用于软垫搁脚凳：如果你已经有一个了，那就让它多一个功能，在里面存放一下东西吧。占最小的空间，却提供更多功能，使用这样的家具，可以让房间里空出更多的空间，让我们走来走去。

> 我想说的是，家里的杂物越少，你需要的搁架就越少——所以，赶紧开始减少你的物品吧！

你家的客厅，也许还充当看电视和电子产品等家庭娱乐的场地。但也请你问问自己：你真的需要电视机吗？也许你会感到吃惊，许多人（包括我家）家里，没有电视机，他们的生活也非常充实、有趣，且见多识广。再加上，如今大量的信息都可以从手提电脑或电脑里获得。如此做的好处是：不需要电视机的话，你就不必要拥有一个用来安置它的橱柜、电视机架，或任何与之相关的家具了。（另一个法子，是你既可以节约空间——又可以有电视机——即把它装在墙上。）

我们大部分人家里的客厅里，常常会有某种搁架，上面塞满了杂物。我想说的是，家里的杂物越少，你需要的搁架就越少——所以，赶紧开始减少你的物品吧！尽量选择需要物品不多的爱好，比如，唱歌，折纸，或者学一门新的语言；选只需要一小副牌的，而不是需要大板和许许多多塑料卡片来完成的游戏。使用创造性的战略来满足你的娱乐需求——比如，有些东西可以从朋友或图书馆处借来玩，而不是自己去买。

对那些你自己希望拥有的东西来说，最好是让其数字化。下载电影，转换你的音乐，买电子产品阅读器——一个设备就可以容纳许多电子书（也可以让你获得成千上万的书），如此你就没必要需要书架了。只买你认为你会珍惜的纸质书籍。把所有的照片都数字化储存起来，仅仅把你想作为礼物送人或挂在家里的那些照片打印出来。

收纳

既然客厅有如此多功能，那么让房间里的每件物品各居其位，就尤为重要了。否则，那些东西就真是会乱成一团。

在房间里，定义好相关区域，比如看电视、存储电影、浏览杂志、玩游戏、用电脑等。确保与之相关的那些物品待在属于它们的活动区域，想尽办法阻止它们"相互串门"。杂志不应该堆放在电视机上，沙发不是放玩具的地方。所有家庭成员都应当参与整理的过程,这样,大家就会理解这个体系,并分享维护的责任。

假如客厅也同时是某家庭成员的办公室或手工制作空间,那就把相关活动(以及所需要的配件)固定限制在一个已经定义好的区域。有必要的话,利用固定屏幕或地板来创造一个视觉(和心理)上的边界。原因有二:首先,不让办公用品蔓延到你的主要生活空间。其次,你不想让办公区域随意而凌乱——当你不用在工作前把书桌上的玩具清理干净时,你工作起来会更富有成效。

把物品分成内圈、外圈,以及深储存三类。你想想,那些属于内圈的物品是不是常常会使用的东西(每天,或几乎是天天用)。这类东西最好放在容易拿到的地方,诸如搁架和抽屉的中层。而客厅里的内圈物品大致包括:遥控器、最新的杂志、常常使用的电子产品和电脑外围设备,喜欢的书、碟片和游戏。外圈物品则是那些常常一周也用不上一次的东西,比如某个爱好或手工艺品,参考书,以及招待客人用的娱乐用品等。这些东西可以放置在搁架高层或低一点的地方,以及抽屉或橱柜里不太容易直接够得着的地方。季节性装饰品,那些你很宝贝但现在却不能展示的东西(也许你努力将其放在一个防止小孩拿到的地方),属于深储存物品——最好是放在地下室、阁楼,或者其他畸角旮旯。

下一步就该给各种各样的物品创建模块了——比如碟片、书籍、杂志、电子产品。不要把它们堆放在一起藏起来,得区分开,分别放在指定的、按类别分好的架子、抽屉或箱子里。把同类的物品合并在一起，能帮你辨认多出来的那件东西，剔除不喜欢的东西，并掌握收藏品的规模。这也有助于我们和其他家庭成员把东西放回专门的地方——而不是满屋子乱放，或者乱扔到屋子里其他地方。

对于整理工艺品和爱好相关的物品而言，模块管理尤其有用。与其把这些东西统统装进抽屉或壁橱里，还不如按活动分门别类地整理好相关材料：编织、做剪贴簿、绘画、做模型、珠宝制作，等等。把它们放进相关活动的容器里：干净的塑料储存箱不错，重重的纸板箱也行，里面装满了待售的纸张。深的长方形篮子也能完成这项任务。当你准备开始某个特别的爱好时，只需要检索相关模块，打开相关材料的容器即可。当你完工后，清理工作就是小菜一碟：把每件东西都放回去，再把箱子放到合适的存储空间。

作为极简生活爱好者，我们要把物品限制在我们特别偏好的东西上；否则，东西会"野蛮生长"，越积越多，等我们意识到这点时，我们已经被物品所淹没了。界限要么根据数量来定，要么根据空间大小来定。比如，在处理书籍时，你可以把书的数量限制在 100 本，或者限制在书架上装满为止。无论采用哪种标准来设限，你都控制了总量，并确保你留下的书籍都是自己最喜欢的，也是常常阅读的。

给客厅里的每一件物品都设立相关限制。一旦定好界限，在增加新的物品前，就处理掉旧的。随着时间的推移，我们的口味会发生变化，我们会慢慢厌倦一些电影、音乐，以及我们曾经喜欢的消遣方式。不要一直保留它们，阶段性地做些调整和清理，把你不再喜欢的捐出去吧。和不加区分的大杂烩相比，浏览一个全新的、简洁的收纳品更让人愉悦。你要是喜欢新鲜、猎奇的图书，那么就从图书馆借阅吧，别自己买回家了；这种方式，可以让你享受更多的愉悦，而不用承受物主之苦（或花销）。

就爱好和手工艺品而言，你的模块提供一个自然的限制，即手头该有多少材料。太多，就不要再积累了，直到你把手头的材料消耗掉一部分——另一种办法是，处理计划好的项目，完成没有完成的，或者简单地清理掉你不打算用的材料。设立相关限制，让你有了充分的理由来处理掉多余的材料（比如黄绿色的纱线、廉价的珠子、便宜的面料）——只要看一眼这些东西，就会让你丧气，失去热情，不想再继续手头的活儿。挑好自己喜爱的，把其余的扔掉吧！

> 对于装饰品的安置，从传统的日本家庭吸取灵感，
> 他们每次会认真选择一两件物品做展示。

那些收藏品，也要设个界限。我不清楚是不是我们有收藏的天性，但某种程度来说，在我们生命中，我们大部分人都是为了收藏而收藏：棒球卡、复古茶杯、初版书、电影纪念品、纪念币、外国

邮票，或者古董木制玩具。我们享受获得它们的过程，体验发现新藏品的乐趣（越稀少，越好），增加收藏物的激动。

但是，很不幸，网络（特别是 eBay）让我们更容易获得这些宝贝。在过去，我们寻找它们的途径是有限的，我们实际上不得不去古董商店和跳蚤市场仔细搜索，找新的藏品。现在全世界的东西都在我们的指尖上；只需要几小时的上网时间，我们就能获得大量藏品，而这在以前需要耗费数年时间。所以，我们必须要给自己的收藏品设定限制——给我们想要的东西设立具体的数字，而不是买下找到的所有东西。

最后，给装饰用品设定界限。从传统的日本家庭吸取灵感，他们每次会认真选择一两件物品做展示。如此做，会让你真正欣赏那些你选中的，对你意义最大的物品——而不是把他们放在一堆东西中间，比拼吸引力。这并不是说，你将不得不扔掉那些装饰品（当然，除非你愿意）。只是建立一个装饰品模块来存放喜欢的物品：每次只拿出几件来展示；全年轮流摆放。

"一物进、一物出"原则帮助你进一步维护好客厅的物品放置。如果我们要把一本新书或新的游戏带进来，那么就必须把旧的请出去。新一期的杂志到了，旧的那本就该进回收箱（或者直接送给亲友们）。要是开始一项新的爱好，那就放弃一项旧爱好吧，那个已经不再让你感到激动的——把相关的东西一并抛弃。假如外出购物，相中了一件装饰品，那么在决定买下它之前，就得想好要扔掉家里哪件装饰品（要是它不值得你牺牲旧的那件，那就不要买了，等更好的出现）。养成这个习惯，你的客厅会大为改观：不再是堆满了老的兴趣爱好和消遣的纪念品，而是一个动感十足的空间，折射出你和家人当下的喜好。

维护

如果某个邻居到访你家，你会重新清理你的咖啡桌吗？假如孩子们想要玩个游戏或完成某个艺术创作，家里有地方吗？或者你不得不把这事搁置或拒绝，因为你得花时间清理屋子？假如你受到鼓舞想做点瑜伽，地板上有足够的空间吗——还是你不得不挪走家具旁边的一些东西，以便腾出地方？

客厅是生活的地方。假如我们把它当做是临时的储物单元，那就是破坏了其功能——剥夺了我们自己和家人宝贵的空间。这些东西——比如咖啡桌、边桌、工作台或书桌——台面尤其重要。假如上面杂乱地堆放着杂志、广告宣传品、玩具、书、未完成的手工艺品，那它们就失去了用处。同样的道理，客厅也不是一个陶瓷雕像的阅兵场，让大家一动不动。恰恰相反，在这里，四岁孩子可以涂色，十几岁的孩子可以和朋友玩游戏，成年人呢，喝咖啡吧。

我们应当让地板（最大的台面）尽可能保持干净。尤其是对孩子们来说，他们需要空间来漫游、嬉戏和探索；孩子们活动的空间不应当被挤压，只能看见铺天盖地的家具，以及堆积如山的杂物。对大人们来说，一个安宁、清爽的空间亦是好处多多。当我们结束了长长的一天工作，回到家里，我们需要一个完全放松的房间，不管是心理还是身体都需要放松。要是我们想到沙发上去休息，结果却被脚下的东西绊倒，或者环顾四周，只见乱糟糟的一堆杂物，我们会觉得压抑、心塞、烦躁。反之，当房间宽敞整洁的时候，我们就有了较大的空间——心里的平静——来休息、放松和透气了。

从公司的话语体系借用一个词，我们应当把客厅当做"多功能空间"（flex space）。在办公室，多功能空间是一个任何人都可以使用的工作区域。当员工早上进来的时候，他开始在这里准备好的桌子（空的）上工作，下班后，他带走自己的东西，让这张桌子保持原样，给次日来上班的人用。我们的客厅，也该有这样相同的功能：地板和各个台面都应保持清爽，以便大家使用；当各种相关活动完成后，相关的东西就被清理干净，保持原来整洁的模样，给下一个人使用。

不仅如此，我们还必须时刻准备，做好防御。客厅往往只有前门能进出，也常常是东西进门休息的第一站。实际上，一些东西会永久地放在那里。做好巡逻工作，严防入侵者。（门口的盒子里是什么东西？搭在沙发上的外套是谁的？咖啡桌上的是寄来的广告吗？）

当我们看到不属于这里的东西时，不要恼怒地举起双手，而是要反击。把第一眼看到的侵略者赶走，确保进这间屋子的，或"环游"这里的东西没有任何停留的机会。挂好外套，收好鞋子，处理好信件，直接把新买的东西放到该放的地方。

仔细检查一下杂物容易堆放的地方——比如，咖啡桌、茶几或屋子里其他有台面的地方。每次活动后都清理的话，杂物就不可能会堆积。而且，当你擦灰或用吸尘器打扫的时候，发现有任何任意乱放的东西，不要边边绕绕，要直接清理掉！

往复杂点想想，客厅是你最可能遭遇其他人的杂物的地方。最理想的情况是，家庭成员学会尊重多功能空间的使用规则，离开的时候把相关东西清理好，这样就可以让问题得到解决。但是，同时你也不得不让那些东西回到其主人那里。养成习惯，每天晚上就寝前清理好房间，物归其位。只需花上几分钟，效果则大不同。你可以每天絮絮叨叨，不停说教，不停谈论房间整理——然而激励他人最好的办法，是以身作则，做个榜样。

22 卧室

和其他房间相比，卧室更需要安静平和，是我们忙碌生活的天堂。因此，我们有一些重要的工作要做——但一旦做完后，我们需要有一个宁静的环境，享受当之无愧的休息。

卧室应该是家里最为整洁有序的房间。它具备一个极为重要的功能：在一天的工作、学习、照顾孩子、清理房间及其他活动后，卧室可以抚慰我们疲倦的灵魂。卧室也是一个休息和放松的地方——不仅是身体上，心理上也是。

闭上眼睛，花几分钟时间，想象一下你理想中的卧室是什么样的。想象每一个细节，就像是一幅展开的杂志：床的样式；床单、床罩、毯子的颜色；枕头、灯光、地毯、房间里的饰品、家具等。卧室是属于哪种风格——是安静的，浪漫的，还是奢华的？虽然我不知道你的个人品味，但我非常明确的一件事是：你的卧室里不会有一丁点的杂乱。说得对——当你被杂物所埋没的时候，你很难产生被呵护的温暖的感觉。

那就重新开始吧，先把房间里所有的东西都搬出去，当然床除外。既然这个房间是用来睡觉的（我们当然不想把自己搞得腰酸背疼），床这件家具是可以留下的。同样，把和衣橱有关的东西留在屋子里，比如一个大衣橱或梳妆台。现在其他的东西都可以搬出去：书桌、茶桌、椅子、储物箱、洗衣袋、盆栽植物、跑步机、腹部训练器、电视机、电脑、台灯、书籍、杂志、花瓶、小玩意儿，等等。彻底清空房间，几乎是空荡荡的了，暂时把东西都挪到毗邻的房间里。

现在躺在床上，好好打量这个房间。很不一样了，是吗？可能你从未意识到这个房间实际上到底有多大空间。是不是现在更安静，更开放，更放松？舒展身体，清空思绪，深呼吸，是不是更容易了？这是一个卧室真正带来的体验！这里应当让你消除疲劳，恢复活力，而不是感到疲倦不堪，压力重重。最妙的地方在于：打造这种田园般轻松的氛围，既不用专门的室内设计师，也不需要造价不菲的重新装修。所有你需要做的只是：整理！

整理

把卧室里的东西各自分成废物、宝物、转让物三类。暂时还不用考虑服装配饰等：那是单独的一个任务，我们将在下一章谈它的处理。眼下，集中精力考虑其他的事情——特别是那些和睡觉穿衣都无关的东西。

可能你会遇到一个有趣的困境：你会发现，有些东西不知道该如何分类。你不想把它们放进"废物"那一堆的东西里，也不想放进要"转让物"的那堆物品里，卖掉或转让给别人；实际上，你真的想留下这些东西。但是，它们又不属于该保留下来的范畴，因为它们和睡觉、服装都不相干。问题是：这些东西是你生活中需要的，但它们不属于卧室。

遗憾的是，那些多出来的东西，总是进入我们的卧室。当起居室里东西太多，地方不够用的时候，多出来的物品就通过卧室门溜进来。想象一下，你等待的客人一小时就要到了，这么短的时间里，你怎么能神奇地收拾好起居室和餐厅？你会尽可能地把东西都塞进抽屉和壁橱里，但东西太多，空间不够。那么，你会怎么做？剩下的东西都藏到卧室里呗。至少在招待客人的时候，你可以关上卧室门，把那些东西关在视线外。尽管那些东西常常是在那里获得了庇护——很快，你就会把卧室当做是整理房间的临时解决办法。

那么，你可以随意一点，把转移的范畴重新定义成"从房间里转移出去"，包括家里任何一个地方的东西。如此一来，这堆物品里，可以包括杂志，孩子的玩具，家用室内划艇机等任何东西。你甚至可以在这一堆物品中，增添一些纪念品和带有情感因素的东西。但是，请确保它们都有地方可去——你最不愿意做的一件事大概就是带着无处可放的东西，从一个房间拖到另一个房间。假如有的东西功能模糊，你实在不知道该把它放到何处，那么最佳归宿是捐献箱。

卧室的主要用处是提供睡觉的空间和存放衣服。所以，问到卧室物品留下来的理由时，答案最好是，它们都和休息、放松或者衣柜有关——不然的话，这些东西都不该留在卧室。

卧室的主要用处是提供睡觉的空间和存放衣服。

你的床可能这会儿正洋洋得意，因为它知道，它会在这场测试中顺利过关。床头柜、梳妆台及衣橱上的那些东西则会忐忑不安——不过，它们中的某些东西实际上会被留下来的。闹钟是安全的，眼镜、纸巾、正在看的书等也都无性命之忧。你也可以留下那瓶花儿，那几支蜡烛——这些东西肯定会有助于营造一个浪漫的或身心放松的氛围。也许还有其他一小部分物品能够获准进入这个梦寐以求的，温馨舒适的空间——但恕我直言，不会有太多东西。"没别的地方搁它们"实在不是一个允许其进入卧室的好理由。

现在，我们来讨论另外的那些物品，它们不属于卧室，但常常试图杀出一条血路冲进来。比如，令人讨厌的洗衣筐。是，卧室里的那张床是折叠衣服的绝佳场所——行，那现在就折，赶紧收拾好！想要一个浪漫的夜晚，成堆的袜子啊，T恤啊，可真是大煞风景了。同样的法子，也用在孩子的玩具收拾上；在一堆填充玩具边，很难

PART THREE: ROOM BY ROOM | 第三部分 一间间屋子来

让我们舒展放松。

手工艺品是另一码事。当这些玩意儿找不到地方落脚的时候,它们常常会溜进卧室。但是,只要你不是在睡梦中编织,那就把那些针和线赶出这个房间吧。和睡前活动有关的东西,可以有例外;这种情况下的话,把这些东西塞进一个箱子或包里,然后放到床底下。出于相同的理由,请把健身器材和电脑设备等放到其他地方去吧;硬盘驱动器和哑铃都不会让你在卧室里感到舒心。

就小玩意小摆设而言,我可能不会给它们公道,卧室真没什么地方给它们。几件特别的小东西倒也可接受,但问题是,你的梳妆台上是否真的需要摆放 15 件小摆设。上面放的东西越多,收拾起来就更麻烦——谁愿意多花时间来做家务呢?

减少些东西吧,怎么做?——在我看来,极简生活的乐趣才刚刚开始!我的性格中,多少有一点叛逆的成分——破坏适当消费(适当装修)的规则,只是我反抗权威的一个小小的方式而已。而卧室则是做这些事最有趣,也是最广为接受的地方了!

卧室是我们自己的小小世界。外面的人,不能进入这个私密空间,即便是那些非常熟悉我们的人也不能(他们也不可能指责我们屋里东西太少)。所以,在这个房间,我们可以随心所欲地探索极简生活之魅,而无需顾忌社会规范。很有趣,对吧? 在起居室里,让客人坐在地板上或许有点尴尬,但在卧室,即便你在地板上睡觉,也没人知道。

　　孩童时代，我的卧室是一个设施齐备的公主房：带顶篷的漂亮的床，有花卉图案的床罩和窗帘，配套的梳妆台、衣橱、书柜。房间里的每一寸地方几乎都放了家具，只在我的床边留下几尺空间。房间非常美，但我却有窒息之感；我一直没有足够的地方舒展我年轻的四肢，也不能自由自在地走来走去。但到了青少年时代，我给父母灌蜜汤，说服他们让我重新装饰我的卧室。我把梳妆台，衣橱，床头柜统统搬出去，那个梦幻的公主床换成了一个简单的床架，上面只有一个褥子和一个弹簧床垫。以前我的卧室里，80%的面积堆放了各种家具，只有20%的地板是空出来的，现在正相反，大部分地板空出来了——我喜欢这种转换。（从此，一个极简生活爱好者诞生了！）

你不必仅仅因为惯例而买下某些家具。

　　如今在我和丈夫的卧室里，地板上只有一个海绵床垫。对其他人来说，这可不行，但就我们而言，够了。不用床架，也就用不着床头柜了。没有衣柜，我们就用收纳箱或悬挂式织物架子来放衣物，然后放到壁橱里。梳妆台没用，我们更愿意在盥洗室里梳妆打扮。如此一来，我们的卧室完全是一个开放的、通畅的、宽敞的地方，这种感觉非常好——而这正是我们所需要的，在拥挤的世界里忙碌一天后需要的地方。

我想强调的一点是，你不必仅仅因为惯例而买下某些家具。比如，不要由于一套寝具配有六件家具，你就得买下全部。不是每个人都需要梳妆台，也不是每个人都需要大衣柜，需要床头柜。好吧，并不是每个人都需要一张床！忘记那些家居设计杂志介绍的，什么主卧该有哪些家具之类的东东吧，忘掉它们。相反，停下来，好好思考一下你真的需要什么。减少卧室里的东西，尽可能只保留一些维系基本功能的用品，重建辉煌的空间——邻居们永远不会知道你连床头柜都没有。

也尽量减少卧室用品。想想看，是否有必要把床上用品分为冬季和夏季；大部分天气，简单的棉织品就够用了。同样的道理，尽量选用一个四季皆可用的被子。不要储存一大堆床单，把东西减少到基本可用即可。动动脑子，做一些聪明的选择，你既可以享受舒适，也可以减少壁橱里存放的东西。

收纳

想让卧室安安静静，那每件东西都需有安置的地方。每件物品都收好的话，宁静自然会来；反之，东西乱扔，安宁的氛围则会受扰。

给卧室分区很容易——一个是睡眠区，一个是更衣区。你可能还需要一个梳妆区（供你梳妆打扮、捯饬头发什么的），尤其是你和其他家庭成员共享卧室的话。我不赞同在卧室辟出一个办公区，除非你实在没有其他的地方了。如果不得不在卧室里办公的话，尽量将办公区与卧室的主要空间隔开。当桌子上堆满文件、账单之类带来压力的东西，很难让人安然入睡。不用的时候，可以放个屏风或是挂个帘子把办公区藏起来。

卧室的核心圈应该是你日用的东西：比如，闹钟、阅读用的眼镜、护肤用品、当季衣物。当然，这些东西也都被放在合适的地方，而不是散落在房间里。衣服放在壁橱或衣柜里——不是堆在地板上或搭在椅子上。养成习惯，衣服一旦脱下来，要么折好，要么悬挂，要么扔进洗衣篮里。化妆品放进化妆包或化妆箱里，确保所有的衣物或饰品——如鞋、皮带、手提包、珠宝等——放在壁橱或抽屉的固定地方。核心圈的东西，即便不一定要在你的目光所及处，也要在你能够得着的地方。

外圈里放一些额外的床上用品和过季衣物。至于深储存区域，我觉得没什么卧室物品适合放置于这儿。车库、阁楼和地下室都不是存放卧室用品的最佳选择，而且，这类物品中，任意一件东西都会定期循环使用。

如果你家里没有存放床上用品的固定橱柜，那就在卧室里使用模块化管理来处理多出来的那部分东西吧。放在床底下的塑料箱子或盒子，最合适用来放置多余的床单、枕套和毯子了。在家里的每一间卧室都如此整理，这样每个家庭成员都能很快，也很容易地找到自己的被褥床单等用品。但是，用这个法子，你得避免的另一种情况是：当这些东西都堆放在一个架子上的时候，很容易把房间搞得乱七八糟。

收纳归拢床上用品时，你会很吃惊，怎么会有这么多呢。稍不留神，床单和毯子就会越来越多。常常，我们会买新的一套床上用品——因为我们想看到新东西，旧的越来越破，或者是有客人要来了——我们不会想到自己已经有了。旧的床上用品地位下降，被归置到万一要用的那堆物品中，随着时间的流逝，我们的存货也就丰盛起来。对这些物品进行模块化管理或处置，可以给我们提供非常好的机会，把这些东西减少到一个合理的数量。

再进一步，限制床上用品的数量。一般来说，一张床两套床上用品就足够了，完全可以满足换洗的循环。至于毯子和被褥，则取决于当地的气候条件。越是暖和的地方，需要得越少。总的来说，床上用品的数量，不要超过家人（和客人）在给定的时间使用的合理数量。坚持"一物进、一物出"原则，下次在购买新的床上用品前，先把旧的捐出去——想想你的慷慨大方带给他人的温暖和舒适吧。

假如你把美容护肤品等放在卧室里，那也请按照模块化管理的原则来处理。把化妆品、梳子、发刷及各种造型用品等放在一个小包或小箱里，如此，不用的时候可以把它们收放起来。为什么要在你的同伴（或一起过夜的客人）面前展示你所有的美容项目"武器库"呢？保持一点神秘感不是更好吗？那些发胶、爽足粉、衣柜除臭剂等，会破坏浪漫的气氛。你也可以用小托盘、盒子，或者是指定的抽屉来放置一些小东西，那些戴在身上每天跟你外出的物品——如钱包、零钱、交通卡和钥匙。这些东西要收拾得清爽些，这样第二天早上你轻易就能找到。

维护

下面我们要谈论的是卧室里最重要的台面：床。床是一直保持整洁的地方——没有"如果""以及"或者"但是"。我们每天四分之一的时间在床上度过，它是我们幸福和健康生活不可缺少的，所以，它应该时刻做好准备，为既定目标的实现而服务。

> 干净的白色床单和枕头，上面铺着松软的羽绒被，
> 这营造出一个美妙的、极简生活的休息场所。

床是一个功能性台面，而非装饰用——所以，保持这种信念，把枕头和其他非必需品降低到最少。每天晚上爬上床睡觉前，清理床铺是一件讨厌的事儿，床上整理的东西越少，越好。我们从高级

酒店得来的提示是简单点：干净的白色床单和枕头，上面铺着松软的羽绒被，这营造出一个美妙的、极简生活的休息场所。请注意，当我说床是功能性的台面时，我的意思不是说它可以提供任何想象得到的服务；也不是意味着床是你放置衣服的地方，是你的工作台，或者是孩子们玩耍的地方。假如恰好它临时充当了完成上述功能的场地，那完事后请立即拿走衣物、文件和孩子的玩具。

　　当然，床不是唯一需要管理的地方。房间里的家具越多——床头柜、梳妆台、大衣柜、桌子——需要你注意的地方就越多（这是为什么我们少放家具的重要原因）。千万不要让这些地方成为随便乱放东西的场所。好好清理，只在上面放几件真正需要的东西。最后，但也是同样重要的是，切勿漏掉地板。搬走地板上堆放的书籍杂志（不管怎样，你一次能读几本啊？），搬走那些你不知不觉就堆在地上的其他东西。尤其是，千万不要在脚下放任何衣物，这会给堆放东西奠定基础。一旦开启了"地板衣橱"模式[1]，你的麻烦就大了；地板上的衣服越来越多，堆积如山，这对衣服本身和卧室环境都没好处。实际上，唯一对物品相对公平的地板是在床底下。好好利用——但不能滥用——这个人人都喜欢的储存空间；换句话说，千万不要让床底沦为藏匿乱七八糟杂物的场所。

译者注：地板衣橱是不用衣架、抽屉、门或者任何设备的衣服存放方式，这里指把衣服随意扔在地板上。

卧室可能不像客厅那样，每天人进人出，是家里的交通要道；但是，仍然需要每天收拾，保持整洁。

日程上的第一条：每天收拾床铺。这个简单的动作只需几分钟，但却能彻底改变卧室。一张整理过的床，是生活中小小的奢侈品，在一天的辛苦劳累后，我们会滑进被窝，身心放松。一张整理过的床，散发出安宁的气息，在保持卧室整洁方面具有强大的影响。而一张乱糟糟的、没有整理的床，会让卧室的其他地方也看上去格格不入；每件东西看起来都像是残骸。相反，当抚平床单，折叠整理好床上用品时，屋子里的凌乱就无可遁形，整齐归纳就变得容易起来。

第二条：把随意乱放的衣物清理干净。有的时候，当我们脱下外套、毛衣，或者是长筒袜时——特别是长长的一天辛劳后躺在床上时——那些东西就不会放在合适的地方了。只要你一发现有乱放的衣物，立即收好。鞋子、手提包这类东西，要放在该放的地方，尤其难；这些东西是出门必需的，你常常发现许多鞋和包正候在门口呢。在橱柜里给它们专门找个地方（它们每晚都要回到那里），这样就不会占用房间里其他的空间了。

第三条：检查卧室里是否有不请自来的"客人"。尽管卧室是一个私人空间，有些东西仍然会偷偷溜进来（通常是由其他家庭成员带进来的）。假如在房间的某个角落发现了孩子的毛绒玩具，或者是配偶的网球拍，千万别让它们在此过夜——哪里来哪里去，赶紧放回该待的地方去。同样，当你读完那本悬疑小说，就不要再放在床头了。如果卧室里没有书架的话，就把它放到起居室或工作室里合适的位置。闭眼睡觉前，清理好房间，每个清晨醒来时，你会看到一个美妙的、宁静的空间！

23
衣柜

该整理橱柜了。假如你有许多衣服，但却常常觉得没衣服可穿的话，那么，这一章的内容就是为你量身定做的了。我们将探讨如何通过减少服装的数量，既节约时间、金钱、空间，减少压力，而同时又让我们穿衣打扮起来更容易。拥有一个精简的衣柜，是极简生活爱好者真正的快乐之一。

清理衣橱未必是讨厌的事儿，相反，这可能是一场狂欢！其实，在整理房间的所有工作中，这是我最喜欢的活儿。这项任务比对付整个房间要容易得多：没有家具可担心，没有需要仔细推敲是否留下的小玩意，也没有其他人的东西要你处理。坦白说，就我而言，与其说这是清理时间，不如说是"我的时间"。翻查衣柜时，我喜欢听着音乐，喝着葡萄酒，来一场我个人的时装秀。过时老气的东西清理掉，换成好看的新衣服，这个过程本身就能让我度过一段快乐时光，最后衣橱里腾出来的空间，则是美妙的回报。

我们先重新开始吧。首先，把所有的东西从橱柜里、衣柜里、大衣橱里全都拿出来，摊开，放在床上。一件不落下，我说的是，

PART THREE: ROOM BY ROOM   第三部分 一间间屋子来

每件都得拿出来！找到最隐秘的暗处，拖出那些喇叭裤、泡泡衫，以及在姐姐婚礼上穿过的伴娘服。掏出那些牛仔靴、厚底高跟凉鞋、系带高跟鞋。把所有的内衣、袜子、睡衣、连裤袜等从各自的抽屉里倒出来，并且把所有的手提包都拿出来，排成一行，以便"检阅"。继续做，直到所有的抽屉，架子，衣架都空出来，空无一物。

在下一步开始前，我们得停下来，做自我反省。想要打造一个极简生活方式的衣橱，需要明白，什么是对我们正确的事。花点时间，思考一下你的个人风格是什么：经典的，运动型的，学院风，朋克、波西米亚、老派的，还是现代派？你是喜欢柔和的色系，宝蓝色，还是鲜明的基本色？你穿起来最好看的衣服是紧身的、宽松的，还是飘逸的风格？哪类织物让你穿起来感觉最舒服？这些问题的答案，正是你评估服装的标准。不符合你风格，或者是不对你口味的服装，它们待在你衣橱的时间比穿在你身上的时间长。下面，想象一下这个场景。突然来了一场大火，一场洪水，或者是其他的灾难，衣橱里的所有东西都毁于一旦，必须重头开始（往你衣橱里'进货'）。因为资金有限，你必须做出精明的选择。考虑一下，在典型的一周时间里，你需要哪些基本的必需品。清单上可能会包括袜子、内衣、一两条裤子、几件衬衫、一件外套、一双适合多种场合的基本款的鞋，也许再加上一件毛衣、一条裙子、一双连裤袜或紧身衣（假如你是小伙子的话，最后两项请忽视）。你会挑选那些工作和周末均适合穿的衣物，并在不同的气温条件下，增减相关衣服。就这几件衣服，你需要通过不同的搭配来创造不同的衣着风格。这样的训练，阐释了最实用的衣物搭配，而且为你打造极简风格的衣橱奠定了良好的基础。

整理

现在瞧瞧你拿出来的那些衣服，每件都穿上试试。那件礼服，或三件套的那套衣服，你五年没穿的话，怎么知道现在还合身呢？依次试穿每件衣服，在镜子前转一圈或两圈。我们都清楚，挂起来好看的衣服未必上身就好看；相反，那些看上去一蹶不振的衣服，穿上身后反而像活过来一样。

依然要按照废物、宝物，以及转让物这几个标签来分类，做好准备，让自己兴奋起来，以便做出严肃的决定。用箱子或垃圾袋来装你要扔掉的东西——不是真的扔掉，而是让他们消失在你的视野之外。这样做的话，会减少你要从扔弃的那堆东西里再去检索的诱惑。假如你的决心有所动摇的话，那就休息一下，重读本书第一章关于人生哲学的那部分内容。有的时候，你所需要的，不过是一点鼓舞士气的话，让你能坚持下去！

要扔掉的那部分东西，都是无法修补（或者是你没能力修补，或没有修补的欲望）——比如有洞的毛衣，或有顽固污渍的衬衫。

有的衣服，假如你不能从壁橱里拿出来，穿在身上，出现在公共场合，那就意味着它不属于这里。但这也不意味着这类衣服就是垃圾。如果你能重新使用，或者能把它们改作他用，那就最好了——但是，只在你已有具体办法时留下它们。

如果我们只需处置一些破烂的东西，那清理工作简直就太容易了！然而，我们大部分衣服在穿坏之前，还有很长时间要穿，长得不再喜欢穿它们。那些让你感觉自卑、不舒服或者是不再时髦的东东，把它们放在待转让的那堆里吧——换句话说，所有这些质量尚可的衣服，只是对你不合适了。与其把它们藏匿在你的衣柜里，不如给其新生的机会。要是那件衣服上标签仍在，那就试试退货——大部分商家在货物出售的 30 天至 90 天的时间里接受退货，条件是没有穿过。要不然就在网上售卖，或者送到寄售商店去，或者捐给慈善机构。

用精简法则找到你要留下的东西，你很快就会拥有一个极简主义者的衣橱了。不过要是你喜欢将节奏放慢点，这里还有另一种办法，也不用太费劲。准备好红黄绿三种颜色的丝带。每试穿一件衣服后，就在挂这件衣服的衣架上系一个蝴蝶结：上身后很棒的衣服，系绿色；看起来乏味的，用红色；暂时无法说好坏的，即你仍然处于观望中的衣服，用黄色。六个月后，系了绿色和黄色蝴蝶结的那些衣服，就是你该留下来的宝贝了，而红色的，就挪到该扔的，或需要调整的那堆物品去吧。要是你发现还有没系蝴蝶结的衣服，那就意味着，你根本就没穿过它呢——你知道它们该何去何从！

留下一件衣服的首要理由是，你得穿它。这事很容易，对吗？难道这不是我们大部分衣服留下的理由吗？别急。根据帕累托原则，又叫二八定律，我们百分之八十的时间里所穿的衣服，只占全部衣服的百分之二十。天！这就是说，大部分衣服我们都没穿过——至少不常穿。这样我们的衣橱，只用了五分之一的空间，而且还每件都能用上。

> 留下一件衣服的首要理由是，你得穿它。

适合你穿，是留下衣服的好理由。反之，不合适的衣服，你就不用穿了；既然你都不穿，那还留下它干嘛呢？不要攒不同尺码的衣服。等你减肥成功，就去买一个新的衣柜吧。（放弃甜点去健身，这得需要多大的动力啊！）

取悦你的那些衣物，也该留在衣柜里。看看，哪件衣服的袖长让你的胳膊看起来更性感，哪条裙子的长度更好地秀出你的美腿，哪些颜色和你的肤色相配，而哪些颜色该淘汰掉。基于你自身的条件，而不是潮流，来做取舍。

当你在做衣服去留的选择时，问问自己，这件衣服穿出去拍照，或者遇到你的前男友女友，你会觉得舒服吗？要是答案是"不"的话，那就别留了。

适合你着装风格的那些衣服，也留下吧。按照不同场合列出所需的服装——比如，工作、社交、园艺、休闲，以及体育锻炼——以及相应的配件。要抵得住诱惑，不要留下那些"幻想"中的衣服；衣橱里塞满了酒会礼服，也不会让你成为社交名流。相反，衣柜里该放的，是现实生活中你要穿的服装。根据你生活的变化来调整衣柜里存放的服装；你如今在家工作的话，那就把那些职业装处理掉，或者你已搬到暖和的地方生活，那件羊皮大衣就不要了吧。

舍不得拿走，是因为你付钱买的——千万别这么想。我知道，要抛弃那件羊绒毛衣或设计师款的高跟鞋很难，哪怕你从未穿过——留在衣柜的话，你会觉得自己没有浪费钱（东西在，钱就在？）。不过，卖掉他们换回些现金，或者捐赠出去，岂不是更好？就后一种情况而言，你至少是把钱花在了有意义的事情上了。极简主义者的衣柜，实际上最有名的是胶囊衣橱：只有少量的基本款，可以混合搭配成不同的服装。首先，选好基础颜色——比如，黑色、褐色、灰色、深蓝色、淡黄色或卡其色——以该颜色为主，挑选基本衣物，如裤子和衬衫。我选了黑色——主要是因为黑色非常适合我，方便旅行，也能掩藏污渍——在这个过程中，我清除了深蓝、褐色，以及棕褐色的衣物。这种办法不仅让我的衣柜空出了不少地方，还大大地减少了配饰物。我非常激动地发现,已经不再需要各种色彩的鞋子和手提包了。一双黑色的鞋,一个黑色的手提包,可以搭配衣柜的的任何服装——意思是,只要几件就够了。

别担心,这个办法不是说,你只能穿单色系服装——现在你要挑选重点色了。挑出一部分你喜欢的,效果也不错的中性色(我选了酒红、紫红、浅绿、青色)。以这些色彩为基准,来选择衬衫、毛衣,以及其他补充的基本款。为了丰富些,也可以增加次要的中性色:除了黑色,我也有灰色的衬衫和裤子。你也可以在褐色的基础上添置卡其色,或者在深蓝色基础上增加淡黄色——只是要确保这些颜色可以相互搭配。理想的情况是,即使你在黑乎乎无法看清的情况下搭配上身的衣服,也仍然很棒。

> 理想的情况是,即使你在黑乎乎无法看清的情况下搭配上身的衣服,也仍然很棒。

下一步,我们要关注通用性问题。胶囊衣柜里的任何一件衣服,都必须是多种用途:应当适用于不同季节、不同场合的着装。选择可以叠穿的,而不是笨重的衣物:比如,一件羊毛开衫或外穿的女士宽松背心,就比一件厚毛衣穿的时候多。简单的比繁琐的款式好,比如,V领T恤就比荷叶边领子好配衣服。尽量挑那些能随意和其他衣服搭配的,而不是只能和一件衣服相配的:黑色的单鞋就比石灰绿的细高跟鞋更实用,用处更多。

选择既合适精心装扮又便于朴素着装的衣服。闪闪亮片的衣服、运动衫,以及其他过于花枝招展或者太休闲的服装,就别留了。要那些可以从办公室直接穿去参加晚宴的毛衣;既可以配上珍珠项链,也可以搭配凉鞋的裙子;既能搭配西装领带,也可以配牛仔裤的衬衫。

想增加点时髦吗?那就像永远时髦的法国人那样吧,在简洁、经典的衣服上配上时髦的饰品——比如,一条惹眼的领带、一根显示你品味的皮带,或者是一个风格大胆的手镯。我注意到,一旦我在旧的配套服装上加一条醒目的围巾,就总有人会评价我的"新衣服"。这就是衣饰的魔力——它们可以瞬间让单调和疲倦的你焕然一新,而且几乎不占什么储存空间。

收纳

把你所有的衣服都放进衣柜区——有可能是一个衣橱、一个配镜衣橱、一个大衣柜,或者是置物架。别把鞋扔在起居室,或把衬衫藏在你配偶的橱柜里。一句话,每件东西都各居其所:T恤放在某层架子上,内衣放在某个抽屉,外套、西装、裙子等放在衣柜的某个固定地方。在核心圈里,放你每天或每周都要穿的衣物,比如袜子、内衣、睡衣、工作服、周末穿的衣服、锻炼时穿的服装，以及家居服。这些衣服放在容易拿到的地方，可以节约着装时间，也方便把它们收好。

外层的一圈放那些平时穿得较少的衣服——比如一月穿一两次，或一年一两次。正式的服装和正式的礼服可能都该放那里。既然都不怎么穿，为什么还要留下这些衣服呢？因为，你可能会被邀请参加婚礼、节日宴会，以及其他的社交场合，家里有几件总比去商店买要从容得多。这也不是说，你需要三件燕尾服或五件舞会礼服；一套西装或小黑裙就够了。毕竟穿这类服装的机会不多，一套服装就可以重复派上用场。外层圈里也可以放一些专业的或季节性强的服装，比如滑雪裤和泳衣，每年到了合适的季节，就把这类服装挪到内圈去。

几乎没有什么服装用得着放在深度储存区。某些有情感意义的服装，比如结婚礼服等，可以作为备选放进去。深度储藏区也可以放给弟弟妹妹再穿的孩子衣服。选择存放区的时候要小心点：阁楼、地下室和车库都不适合存放织物，那会加速其破损，最终只能扔掉。可能的话，在屋子里找个偏僻一点的、但温度和湿度条件可控制的地方来存放它们。

要是你用模块分类的方式来合并整理衣物，效果是惊人的！你会发现，你有十条黑裤子、二十件白T恤，或者三十双鞋。你把它们放在一起的时候，你会很快意识到这些东西太多了。办法是合并它们，所以你不会有想增添新品的诱惑。把所有的衬衫挂在一起，裤子挂一起，裙子、外套等各自分别放一块。睡衣、运动服装、毛衣等堆放在各自的架子上，袜子、内衣则放进它们自己的抽屉里。

愿意的话，你也可以进一步细化"分类"模式，按照颜色，季节或类型进一步细分。比如，把深蓝色裤子、褐色运动上衣和卡其色短裤等放一起。你也可以把T恤分成无袖、短袖、长袖。裙子分为迷你短裙、及膝裙，以及长至脚踝的裙子。连衣裙分成休闲的和正式的，西服可分成夏季以及冬季穿的。分类模式越具体，评估就越容易。处理服装配饰时，也用同样的办法。这类东西尽管都是小东西，但不可忽视。把围巾集中起来，按照季节分类。鞋子按照活动来分（你有多少双球鞋呀？）。至于珠宝，则分成耳环、项链、胸针、戒指和手镯。手提包也按照颜色、季节和功能来分类。

归纳分好这些东西后，就该"下手"了。如果你发现，某个类别里东西太多了，那就留下最好的，你最喜欢的——也是你无论如何都会穿的衣服。多有几件衣服是可以理解的；几乎没有人会只有一件衬衫或一条裤子。哪怕是和尚，也有两件长袍！问题是，你有太多的这类衣物，而大部分都不穿。所以挑出最好的，也是最好看的，其他的就处理掉吧。最后，把衣服装起来，让其井然有序。这并非是指，你不得不跑出去买29个塑料箱回来——你只是把这些衣服放到某个架子上，某个抽屉里，或者衣橱的某个地方。不过，小物件最好也放进真正的容器里：可用托盘、箱子、篮子来装连裤袜、围巾、手表、珠宝等东西。这样可以让它们井井有条，限制其乱堆乱放。在大批量生产的时代，服装价廉，很容易买到。如果我们愿意，可以来一场疯狂购物，带回一车衣服。而且，时尚总是不停变化；这一季流行的，下一季就过时了，会被新的一套必购商品所替代。我们的祖辈们，可能一年只有几件新衣服，而到了我们呢，就没有了限制。难怪我们的衣柜都快被挤爆了！

> 在更新衣橱的时候，我们也必须同时清除那些过时的，尺寸不合适的，以及不再喜欢的衣服。

这也是为什么在极简生活的衣橱中，限制有非常大的用处：这会让我们的服装和配饰处于一个可掌控的水平上。那么，从更大的意义上来说，把服装限制在一个和我们现有储存空间相匹配的水平——而不是让其多得溢出衣柜，占了屋子其他空间。但更好的做法是：别让衣服塞满衣橱，而是挪走多余的东西以便创造一些喘息空间。衣服被使劲从衣架上抽出来，或者硬塞在抽屉里，对衣服不好（或者对减少心理压力也不好）。考虑到这一点，我们把上面那句话改成：衣服数量宜限制在别挤满储存空间为佳。

可以肯定的是，我不能告诉你应该有多少衬衫、毛衣、裤子——需要多少，得你自己决定。我搬到国外时，行李箱里只带了四双鞋，因此，那是我所拥有的。我买了一个衣架，上面可以挂五件衬衫，所以我把衬衫的数量就控制在五件。外套，每个季节一件，袜子和内衣是按照十天的量来准备的。你的限制和我的应该不同，需要多少，取决于你个人的情况和舒适程度。用固定的数量来决定你可以组合多少套衣服，很荒谬——正好，这是一个非常绝妙的机会来锻炼你的创造性和风格。

时尚的变化总是快过服装的磨损速度；所以，我们每一季都要买新款的话，很快衣柜就装不下了。而且，在更新衣橱的时候，我们也必须同时清除那些过时的、尺寸不合适的，以及不再喜欢的衣服。运用一物进、一物出原则和对等交易法则：如果你带回来一双新球鞋，旧的那双就得滚蛋；挥霍进一条新裙子，旧的那条就得踩着华尔兹舞到门外去；新的职业装进门，旧的那套就得退休了。这样的话，你的衣橱就会是一个新鲜的，一直变化的衣服集合地，而不是一个过去时尚的陈旧物品"归档处"。

要是你的衣服实在太好，不忍丢弃，那你就该问问自己是否真的需要买新的。假如你现有的服装完美无缺，那衣橱里添置新衣服，有什么意义呢？不要觉得有压力，"要跟上时尚潮流"的号召只不过是营销策略而已，是专门设计出来掏走你挣来的辛苦钱的。不要买每季的必备款，而是买一些永不过时的经典款。你会有更多的银行存款、更宽敞的衣柜，以及更少的杂物。

维护

我们释放出衣柜空间，学会享受极简带来的快乐。让我们庆祝所完成的工作！现在我们不得不确保的是，别让那些整理好的东西再次失控。

首先，要让衣橱保持整洁。只要你脱下一件衣服，就赶紧挂起来，折起来，或者扔进篮子里。每件衣服都放在相应的分类区，你会一直心中有数，知道自己拥有哪些东西——避免出现五件新毛衣溜进去的情况。用架子、鞋架、衣柜挂杆，或者悬挂式整理袋等，尽量把衣帽间的地板空出来。这样会避免杂物悄悄溜进来，让衣物有更好的存放环境。当你要换衣服参加工作面试或首次约会时，你最不想做的事，是从衣橱里拖出衬衫或西装吧。

其次，照料好衣服。一件重要的服装，因为沾了泥浆或下摆磨损而靠边站，你负担不起这样的"浪费"。避免这类损害，用常识就行：别在雨天穿麂皮鞋，不要穿白裤子去参加孩子的足球运动。只需一点预防性的维护，就会有大的效果：修补好小裂口，在其变大之前，处理好污渍，以防其变成顽渍。给你的衣服提供一点小关爱[1]，你就不

译者注：TLC，指提供持续不断的细小服务。

必严阵以待准备其备份了。

　　第三，离商店远点。不要把去商店当做好玩、娱乐、或百无聊赖时去的地方——那会让你陷入麻烦！你知道会发生什么：你会在百货商场里瞎逛，会看中一条可爱的连衣裙。45 分钟后，你会带着那条裙子走出商店大门——同时带着的，是配这条裙子的鞋、包、皮带、耳环，或者你顺路买的其他的小东西。要避免这类诱惑，最好不要踏足商店（也不要在购物网站上瞎转），除非你真的需要买东西了。清点一下你的衣服，做个记录，当你去商店时带着去。如果你的清单上已经有 23 件 T 恤，你就不可能会再买第 24 件。

　　最后，随着季节变化整理你的衣柜。秋季和春季都是整理衣橱的绝妙时间。当你在为冬季做准备，拉出外套和毛衣时，花点时间仔细检查一下她们。我们的品味在变化，身材在变化，时尚也在变化。去年你喜欢的夹克衫，现在看起来已经破旧、过时，不再吸引你了；去年穿的紧身牛仔裤，如今穿起来有些过紧。那些你认为自己不会再穿的衣服，就清理掉，腾出多余的空间开始新的一季吧！

24
家庭办公区

现在我们要着手处理一些严肃的工作：整理我们的办公区。我们要从文山书海里挖出书桌，设计出避免以后再堆积起来的系统。听上去有点令人生畏，但我们要做的，确实需要循序渐进，一步一个脚印——我发誓，这比付账单和处理税务有趣得多。而且，你得到的回报值得你去努力：崭新的、干净的、宽敞的空间，会让你的工作效率提高无数倍！

设想一下，你此刻正坐在书桌前，为一个重要的项目努力工作。当你正取得重大进展时，突然发现需要查一份具体的文件。"糟糕！"你一惊，眼睛在书桌上那一堆文件里搜索。你咬紧牙关，潜心寻找，祈祷不用太费劲就能找到它。不会有那么好的运气的！你在那堆东西里翻找，越翻越绝望——在翻找的同时，你发现了一张需要支付的账单，一份需要邮寄的表格，需要填写的收据。你处理好这些事情后，继续查找文件；当你以为它失踪时，却发现在房间另一头的那堆文件中找到。到那时，你的注意力已无法集中，时间也不够了；这个项目无法做完，你不得不继续等到另一天。空间整理干净了，你的心里也明净了——你可以不受干扰地工作,更有效率地工作。另一方面,一个邋遢的书桌,就像是前进之路上的路障。空间太杂乱的话,你根本什么工作都做不了!

那么,我们怎么重新开始呢?办公区比其他房间更需要分解任务。与其把书桌、书架、文件柜等搬到大厅里,不如首先从它们所装之物入手。要是我们能把东西减少到可以挪走一件家具,岂不妙哉!不过,文件和办公用品数量众多,且琐细;可能一次你只能收拾一个抽屉,或一个文件夹。不要急着赶紧做完:花点时间彻底清理,你的努力会有更大的影响。

把你选好的抽屉或架子全部清空。不要挑一两件东西来整理。把东西一股脑地收起来,再全部倒出来。一旦所有的东西都摆放出来,你就可以衡量每件物品,并决定它是否真的值得留下来。假如你曾梦想做一个全能的神,那么机会来了:无数的订书针、回形针、钢笔、纸张及橡皮圈,它们的命运捏在你手心,等你决定呢。拿出你的神圣魔法,变出一个极简生活的乐园吧!

在这个过程中,请认真考虑怎么存放,以及在哪里存放文书等办公用品和设备。你的订书机一直放在第二个抽屉里左侧最远的那个角落,这不是你要把它放回原处的理由。重新开始是一个极好的机会,把东西混在一起,尝试新的布局——这个机会,也让你能按照最自在最有效的方式来设计你的工作空间。

整理

　　首先，从最容易的东西着手：把堆放的垃圾邮件扔掉。它们中的大部分——信用卡申请表、销售信函、商品目录、宣传册、传单——从长远看，这些东西没什么意义。如果实在是太不重要，以至于现在都未采取行动，那就把这些东西放到回收箱吧。不要在做决定上费尽心思，去做，飞快地处理掉。将来你会后悔扔了一封垃圾邮件，这样的事儿绝不可能发生。在做到这一点后，扔掉（或者回收）那些明显是垃圾的东西：没水儿的钢笔、锈迹斑斑的回形针、没有弹性的橡皮圈、用光的橡皮擦、过期的日历、破碎的铅笔、裂开的文件夹、用过的便利贴、旧信封、空墨盒，以及其他无法辨识的东西。我不知道那些逃过我们眼睛的办公用品如何受损，如何老朽变旧，也不知道它们能待这么长的时间。把这些东西收集在一起，让它们脱离苦海吧。

　　一个很好的热身运动，对吗？清理走所有的东西，是不是觉得很棒？现在我们心理上已是最佳状态，准备好迎接更大的挑战。但是，你可能没意识到，你那些好的办公用品也应当被放进"垃圾"堆里。别急着排斥，先听我解释。随着时间的推移，办公用品会越来越多——常常在经过较长的一段时间后——我们很少会清理它们。在这期间，技术、喜好，以及需求都在变化，这使得一些东西很少被派上用场。

虽然有点尴尬,但我必须坦白,在上一次大清理中,我发现自己有一盒相片贴纸(我的照片已经全部数字化保存)、一盒软盘、一盒录像带磁带,以及——信不信由你——一盒打字机的修正带。我相信,在自己的办公室里发现过时的办公用品,我不是唯一的一个。好好挖掘,你可能会发现几件"古董"哦。这些东西尽管没坏,能用,但实在是过时了。要是你用不上这些玩意,或者别人也不用,你知道,它们该去哪儿。

当我们在讨论"垃圾"物品时,还得增加其他的东西:坏了的电脑和电子设备。大部分情况下,我们已经用明亮的、闪闪发光的新产品替换了它们。所以,为什么那台死气沉沉的显示器还放在办公室远处的那个角落里呢?我们真的指望一旦新的不行后,还能重新用上它?我们中的大部分人,都没有修理这些东西的技术能力,而修理的价格常常比再买一个贵。因此,要是你仍然还有早就完蛋了的打印机、电脑或其他的设备,那就和它们告别吧。别让你的办公室成为过时老机器们的退休之家。

再找找,可以放进垃圾堆的东西还包括,过去项目或爱好所用的文件和用品。如果你不再用它们,那就给人家自由吧。我知道,留下这些东西,可以用作你辛苦工作的证明,这是很诱人的。我也确实是这么看待我研究生时的笔记本的;它们代表着我艰苦学习的血、汗、泪。不过,其中包含的信息和我的新职业无关。当回收车带走它们的时候，我觉得自己轻了一百磅——准备好迎接我的未来，而不是守住过去不放。

在评估你那些物品的时候，要大量使用"转让"堆。即使你不再需要 50 个闪光的档案夹，或者不需要怎么也用不完的 2 号铅笔，其他地方可能会用得上，有可能是学校、医院，或者非营利组织，这些地方的钱更多地花在提供服务，而不是购买设备上。对这些机构来说，电脑和电子设备特别有价值。拨几个电话，把你多出来的东西贡献出去——花点时间和精力给它们找一个新家，这是值得的善业。保留好捐赠物的发票，有可能的话，还能减税。

> 要想拥有一个极简主义者的办公室，
> 得把办公用品减少到满足基本需求即可。

现在你已经清理掉那些磨损的、损坏的，以及破旧的东西，那就仔细瞧瞧剩下的物品。多问一些棘手的问题，以决定哪些是你真正需要保留的。你真的需要五种不同颜色的荧光笔，或六种不同的信封？你有多少种方式来告知你时间和日期（如果你有手表、电脑、手机的话，还有必要用座钟和日历）？你真的用得上镇纸？或者只是放在那里好看？这些东西看起来细碎，但一旦放在一起，那就占了你书桌的大部分空间了。

PART THREE: ROOM BY ROOM　第三部分　一间间屋子来

要想拥有一个极简主义者的办公室，得把办公用品减少到满足基本需求即可。如果你一年只写十封信，你就没必要在身边放五百个信封。要是你极少用橡皮圈的话，那就把你书桌抽屉里的那堆东西拿走吧。你有多少订书机、尺子、胶带座、铅笔刀、剪刀？如果答案是不止一个，那就太多了！像订书机这样的东西，家里根本用不着准备第二个；这类文具极少用坏，换新的很容易，也不贵。不要把宝贵的空间用来存储"备胎"。

在如今的这个时代，没有囤货的必要。几乎你要的每件东西都能在当地商店或网上买到——就像是拥有一个巨大的，随时可取的场外供货橱柜。按照你自己的舒适度来找需要的东西：如果你觉得要是没有可用五年的纸张存货，或者打印机墨盒，你就无法工作的话，那就用呗。但是如果空间较紧张，储存空间较缺乏，那你就得明白，少留点在家，也过得去。至少，这是一个有趣的实验——即使你用光了回形针，也没啥大不了，地球照样转。

只需一点点创意，就能减少你的办公设备。主要用手提电脑，这样可以抛弃台式电脑那些东西。选多功能的一些设备——比如，即可扫描，又能复印的打印机——这样就不用准备三个单独的设备了。尽量用最少的办公用品或设备完成工作，接受这个挑战吧。

最后，集中你作为极简主义者的全部力量，运用到你的文档处理中。为此，我强烈推荐扫描仪——它所占用的空间，比其消除的那一堆堆文件要少得多。你会奇怪，在没有这个奇妙设备的情况下，自己是怎么活过来的！文章、贺卡、信件、账单、报告、说明、照片、宣传册等等更多的东西都数字化——所有我需要用的信息，但不是原件（当然，要勤快点，常常清理电脑文档，这样你就不会有数字信息混乱）。不过，在你疯狂使用扫描仪的时候，要知道，你总是需要保留一些原件的。而保留文件所需要的具体的时间范围，则取决于你个人的情况、税收和法律的规定，以及你所在地区的常规做法。和你的财务顾问商量，或上网查询最新的细节。

以后，在你打印东西前，好好想想，时间想长一点——为什么要产生这么多纸张，以后还得处理？让邮件留在电子邮箱里，做些书签标记已备将来查阅。如果你担心以后不能直接找到所需信息，那就转换成 PDF 文档保存。那样做的话，你就要拷贝在硬盘里，随时可查看。对在线支付的发票或支付凭证来说，这个办法也很完美——可以提供证据而不需要留下所有的杂物。只要确保定期备份文件，以防数据丢失。

收纳

万物各居其位，各得其所，是保持书桌整洁的不二法宝。别让那些笔啊，回形针啊，橡皮圈啊什么的，在你工作间里"到处跑"（失控），把它们拦在一个固定的地方，并确保它们就待在那里。文件夹、收到的邮件、要寄出的邮件、各种目录、杂志、收据、每一类的办公用品和文件等，这些东西都要有固定的地方。如果有用的话，那就在装有这些东西的容器、抽屉、架子等上面贴上标签，标注里面放的内容。

办公区的内圈，应当包括那些定期使用的办公用品以及常用的文档。也就是说，钢笔、铅笔、回形针、信封、邮票、记事本、支票簿，以及来往的邮件等（和其他东西相比），都该放在伸手可及的范围内。外圈可能是那些你最近处理的，需不时查看的文件和文档（比如账单，发票，报告，以及研究材料等），以及诸如打印纸和墨盒等备用的办公用品。深储存的部分，则是一些需要长期或无限期保留的文件，比如出生证，结婚证，毕业文凭，房产证，纳税申报表，以及其他基本的法律和财务文件。千万别忍不住把这类文件数字化和处理掉，因为你将来需要用它们的原件。用防火的盒子或保险箱来装这些文件，毕竟它们很难有替代品，然后存放在房间里较远的地方。

> 万物各居其位，各得其所，是保持书桌整洁的不二法宝。

当你在整理模块时，给每一类办公用品一个特别的容器（哪怕只是一个带拉链的包，或者是某个抽屉隔间的小巢）。回形针不要和橡皮圈放在一起，邮票也不该混在订书钉里，文件不能与杂志、目录等"亲近"。合并这些东西，有助于你快速找到它们，并将过剩的东西"凸显"出来。当你在一个地方发现有 30 支铅笔时，你会意识到，这实在是荒唐：太多了——希望这会刺激你，把大部分铅笔打发走。

另一种方法是，按照不同的活动整理物品——确保常常用到的工作用品随手可得，这能提高你的生产力。比如，付账单模块，里面包括支票簿、信封、邮票、笔；在报税单模块，有各种一年来的相关收据和文件；在项目模块里，你可以放某个具体的业务，研究或写作事业，有关的材料和文件等。

在合并这些东西的时候，你可能会发现多余的笔、回形针、订书钉、橡皮圈或者其他的杂货，实际上你根本用不了那么多。未必都是你的错，这类物品，不少都是整批销售，单只不卖的。另一些东西，比如钢笔，出门时会"跳进"你的包里，从办公室带回了家，并在夜色下越攒越多。

每类物品都设定一个限制，剔除多余的，且在以后的购物中保持极简生活的心态。看见大尺寸包装的东西，淡定走过吧。另外，也不要和朋友、家人，或同事一起去买这类物品了。模块化管理和设定限制，可以让文件文档等东西处于控制之中。大家都知道，当我们收纳文档，不停地收纳，越收越多时，会发生的事：最后文件

PART THREE: ROOM BY ROOM　第三部分　一间间屋子来

夹鼓鼓的，文档多得溢出来，需要更多的文件夹。在我们意识到这点之前，我们已被迫买了新的文件柜。收纳文件应当是双行道：有放进来的文件，也有清理出去的文件。为此，按照主题来分类整理文档——太多了，就清理掉一些。一物进、一物出的办法，可以让这事变得更容易。放一张新的账单或报告进去的时候，就把最旧的那份扔掉吧（假定你不用它们来做交税，财务或法律凭证的话）。

假如你没有一个专门的工作间，那你的办公区可能就是一个模块。我们不会得天独厚，有额外的卧室或起居室给我们作工作室。一些人的办公室，可能是指起居室某个角落的一张书桌，或者是一个改造过的小房间；其他人，可能就是一个大手提包或塑料箱，把能用得上的台面当做移动办公空间。实际上，这会减少我们的办公用品、文件、设备等，只需要一个便于携带的容器就行，这太棒了，对吧？太阳在闪耀，鸟儿在歌唱，这样的时刻，我们可以在我们的门廊、后院或者是在公园里开店啦。哈，这就是极简生活者的梦想！

维护

在办公区，保持所有台面整洁是第一重要的事儿。把你的办公桌当做是一个多功能空间，每天工作结束后要清理干净——就像是其他人明天会来接着用一样。（当然，这只是你一个人用；但你不觉得坐在一个干净的空间，很令人愉快吗？）那些办公用品，请放在房间的抽屉，箱子等容器里，别在桌子上乱放；可以添置一个落地放的架子或者装在墙上的架子，用来存放进来的报纸邮件等；用公告栏来贴你的日程提醒、卡片、便条、随意的纸片等，别让这些东西侵扰你的工作间。

让平台保持整洁不仅愉悦你的眼睛，也对心灵大有裨益。

发生在办公区的一件令人惊讶（也是沮丧）的事是：水平空间上一点点东西都会开始囤积。我就发现大量的纸和办公用品"栖息"在架子上、文件柜上、窗台上、打印机上、扫描仪上、椅子上、台灯上、箱子上、花架上。请忍住冲动，不要让你陷入纸的环境；乱七八糟，混乱不堪，这种场面让你不可能找到东西。让平台保持整洁不仅愉悦你的眼睛，也对心灵大有裨益。没有这些视觉上的干扰，你能更清晰地思考，工作更有效率。

而且，本不应该说但我仍然要说的一句话是：地板不是文件收纳系统。但你知道会发生什么：一旦房间里其他台面都被填满了，多出来的那些东西就自然落地，落到我们的脚下，这也是房间里最大的平面。办公区的地板是一片沃土，大量的书、杂志和文件等在上面会慢慢发芽，最后变成森林。在处理多余的存货方面，我常常会建议采取严格的清理方式；但假如你的空间真的不够用，那就再买一个文件柜呗，这总比把文件乱堆在办公桌上好。

我们可以清理掉我们想要处理的东西，但就一个极简主义者的办公室而言，其关键之一，是控制好东西的流入。在家里的其他地方，这个权力完全掌握在我们手中，我们可以有效地关上大门，拒物于门外。问题是：门上有一个邮箱。几乎每一天，各种无用的，不需要的不速之客就会被塞进邮箱里，溜进家里。我们一起集中力量来阻止邮件的泛滥。

冻结信用报告，或者在 OptOutPrescreen.com（一家关于信用报告机构的合资企业）网站上注册，这些方式都可以减少你的垃圾邮件。一旦这么做的话，那些公司就不再能用你的名字来进行信用检查，也不会寄给你信用卡预先核准的意向。你也可以联系全美直销协会(www.the-dma.org)，要求他们把你的名字添加到"请勿邮寄"的数据库里。此外，仔细查阅所用的银行和信用卡说明上的隐私条款，根据上面提供的电话，打电话过去，告知对方，你不希望收到他们或他们合作公司寄来的营销材料。

自此以后，你的名字和家庭住址要严格保密。不要在店里的积点反馈活动上签名，也不要在优惠卡上签名，并且拒绝在登记结账处提供这些信息。别参加任何调查、抽奖或赠品活动——多半是营销人员通过这样的方式，获取你的联系方式等细节。别提交产品登记或保修卡。搬家的时候，别在邮局更新你的家庭住址，否则那些垃圾邮件会如影随形跟你到新家。相反，把新地址给你私人联系人和公司。别订报刊杂志，在网上看吧。绝不能申请商品目录，你只要登记一次，这一年你就会收到从 30 个不同公司寄来的产品目录。

以上这些策略，可以让你少掉大部分不请自到的邮件。如果你愿意，你也可以限制与你有工作往来的公司的纸质文件等，选择电子通讯往来。比如，在线付账。你甚至可以从银行账户自动转账到你的网络支付账户上。同样地，你也能在网上接受银行和信用卡的相关通知。如此一来，你就不会收到塞在相关银行信件里寄来的广告啊，商业信息啊，这会减少你的纸头工作。

我们的办公室是动态空间；总有东西进来，也有东西出去，每天这些东西进进出出。而且，我们不能只是简单地就这一天大规模地清理一次。让这个地方一直保持这样的精简，需要我们时刻保持警惕。

为此，我们要做一个好的看门者：在前门放一个回收箱，截住那些产品目录、广告单、外卖菜单，以及其他的垃圾邮件，别让它们进门。对那些进入办公室的邮件，打开每一封，立刻处理掉，而不是把它们堆放在办公桌上。用碎纸机撕毁信用卡申请表、信用卡余额转移表等带有你个人信息的、不重要的纸质文件；把需要保留的文件扫描并归档整理；那些需要支付的账单、需要回复的信件，以及还需要查看的信息等，分别装在合适的收件箱，或者是办公桌上的箱位。最理想的系统是，每件纸头工作只需要处理一次。当你完成一天的工作后，务必把所有的东西都放到指定的地方，所有的文件都放进相应的文件夹。假如把它们放在一起更有效率，那就给这个特殊的项目建立一个"工作"模块——某种容器更合适，而不是把这些东西散落在办公桌上。然后，当你重新恢复被中断的工作时，可以准确地找到有关材料；同时，你在使用办公桌时不需要把这些材料推到一边。也要注意办公室的那些"难民们"。孩子的作业、配偶的小说、狗嚼棒等都物归原主，别让它们在你的办公区定居。你自己还有好多东西要担心呢。

每天维护会让你的办公桌保持整洁，也让那些物品处于控制之中。但是定期整理仍然需要。试着用"一物进、一物出"原则，有可能最终仍然是进多于出。每月或每个季度扫描一次文件，把不相关的纸质文件处理掉（也就是扔掉或回收）。此外，每年做一次全面的清理，旧的请出去，给新的让路。我喜欢把这事安排在每年的一月进行，新年新开始。

25
厨房和餐厅

要问家里最实用的房间是哪儿，大部分人都会选择厨房。毕竟，在这个房间，我们要储备那些维系我们生命的食品，我们在此准备、提供，以及时常享用食品。在家庭中，厨房往往是家人喜欢聚在一起的地方。考虑到厨房在我们生命中扮演如此重要的角色，那这里装了那么多东西也就不足为奇了。但是，东西太多啦，多得让厨房的功能大大减弱，也让我们不再乐意在里面工作，也不乐意在里面转悠。所以，让我们瞧瞧，如何减少厨房里的物品，让这里的空间尽可能精简。

你有没有逛过某个厨房的样板间（或者浏览你最喜欢的装修杂志），幻想着把家里厨房置换成眼前所见的？你的眼睛是否闪烁着嫉妒的光芒，想着，要是能在这么时尚又实用的环境中做饭，该有多美啊？

大多数情况下，厨房样板间里最吸引我们的，不是高端的厨房用具，专业的厨房工作台面，也不是漂亮的厨柜——而是空间！那些厨房总是干净，空荡，无杂物，只有少量的厨房用具和餐具。这使得厨房看上去诱人而可爱。好消息是：你用不着花一大笔钱来装修，达到这样的效果。只需整理这一招，就可以让你的厨房彻底大变身。

第一步要做的，是依次腾空所有的抽屉、橱柜、碗柜和搁架。就像之前那样，要忍住诱惑，别总想着：我"知道"我会把东西放回去的，所以就先搁在那里吧。拿走每件东西，直到我们正在清理的地方完全腾空——这意味着，所有的盘子、咖啡杯、玻璃器皿、叉子、勺子、小刀、深底锅、平底锅、小电器、家用电器、食品、食品包装箔、饭盒统统拿走，甚至"垃圾"抽屉（junk drawer）里的东西，全都请走。记住，这个想法不是选择哪些东西拿走，而是挑选留下来的东西。所有的东西都清理出去后，你就可以做个彻底检查，拿回那些最好的、最有用的、最基本的物品，并放在该放的地方。假装你正在装备一个全新的，梦想中的厨房，就像刊登在杂志里的样板厨房。为什么你的厨房就不那么漂亮呢？

假如你对清理厨房物品还有些犹豫迟疑，那么这个办法就可以产生特别的红利了：一个绝佳的机会，"清洁"那些橱柜。有多久没有好好擦洗它们了？在烹饪的过程中，厨房会变得又脏又油腻，虽然我们非常擅于让其表面光彩照人，但却容易忘掉橱柜内部的清洁。所以，在你请走杂物的时候，也请把灰尘一并清掉吧（我们极简主义者做事多么高效啊！）。把它们擦得一尘不染，也就真正有了全新的开始了！

整理

　　清理厨房的时候,你可能会遇到许多该扔进废物堆的东西。要是你最近没有清理食品储藏柜,那这类东西多半是食品;检查每件食品的保质期,扔掉那些坏掉的、过期的,或者过了最佳使用期的东西。各种香料、酱料,以及调味品等都有一定的保质期,所以整理的时候千万不要漏掉它们。要是那瓶酱油比你家会走路的宝宝年龄还大,那就扔了吧,需要的时候再买一瓶回来。那些易腐物品,也用同样的办法处理,尤其是那些你已忘记搁置了多久,或已记不得上次什么时候使用过的东西。

　　还有其他废品潜伏在你的厨房里——比如,破损的盘子、有裂缝的玻璃杯、弯曲或损坏的银餐具(就像在垃圾处理时遇到的那把叉子)。请给你的食品应有的尊重,不要把它们放在破破烂烂的餐具里。也不要把那些破碎玩意当做备用品,等着替换现在正用着的好东西。那些坏掉的小电器或家用电器,也扔掉吧;如果你还没有想办法修理它们,很显然,没这些东西,你也过得下去。

　　放在"转让物"中的是对你没用,但对其他人有用的东西。出于某种理由,我们容易积累更多的厨房用品,以一天的使用情况看,往往超出我们所需的、所用的数量。一部分是结婚或乔迁的礼品,其他的则是冲动购物的结果。有的东西,在买的时候似乎非常实用,但买回后却发现太费时间,也太复杂;把面条机或冰激凌机送给欣

PART THREE: ROOM BY ROOM | 第三部分 一间间屋子来

赏它的人吧。清理这些东西的时候，请诚实面对自己；要是你觉得清洗太麻烦而不用那台食品加工机的话，那就抓住这个机会，放它一条生路。

记住，食品也是可以放进"转让物"里的。随着时间的推移，我们的口味和饮食需求也在改变，而且有的食品，其保质期超过了我们对它的欲望期。在吃完储备的番茄酱之前，我们已经厌倦它了，或者，我们更愿意吃新鲜水果，而不愿吃放在架子上的罐头水果。不要觉得很糟糕：就把这当做是做好事的一个好机会！你不要的罐装食品或包装好的食品，就捐赠给当地食物银行或流动厨房[1]。你家食品储藏柜里不要的东西，可以让其他的人免受饥饿之苦呢。

也许，你在清理厨房物品的时候，难处在于，你总认为某一天自己会用上它们的（并且，你也非常肯定，你扔掉它们之后的那一天，正是你要用它们的时候）。要是这样的话，你就做一个"暂时无法决定"的箱子。那些你平时用得少，但觉得某个时候会用的东西，都放进去吧——比如，面包机、松饼烤模，以及漂亮的蛋糕装饰用品。在箱子上标注日期，以及某个具体时间期限，也就是说，过了这个时间（比如六个月或一年），就把东西捐赠出去。处理那些类似"骑墙派"（无法做决定）的东西，这是个好办法；在必要的时候，

编者注：食物银行（food bank）和流行厨房（soup kitchen）是国外用于救济穷人、发放食品的慈善组织。

这些东西是能得到的,但是请不要占用宝贵的橱柜和抽屉空间。更好的做法是,你看看没有这些东西,生活会怎样——更好的是,你可以决定自己根本就不再挂念它们。

> 放在"转让物"中的是对你没用,
> 但对其他人有用的东西。

和物品对话,厨房是一个极好的地方。有些东西待在暗处已经太久了。你可能都不再认识它们了。现在有了这个机会,你可以重新熟悉它们,并确认你们之间是否还有互利的关系。

你是什么?你是做什么用的?我们不必这样问,但是,不得不承认,有时我们还真回答不出。现在,我们能想到的每个厨房工作,都可以用相应的厨具来完成。那个菠萝去芯器或糕点轮,我们在买的时候,觉得它们似乎是不可或缺的,但是这并不意味着,几年后我们还能辨认出它们是啥,是干什么用的。当然,这点儿"神秘感"不是什么好事。如果你都不知道那东西是干嘛用的,显然它就不是你厨房里的必需品。把它送给别人吧——一个喜欢烹饪的朋友知道用它来干什么,对其而言,这会是一个很好的礼物。

我多久用你一次?啊,这个问题很重要!如果答案是"每天"或"每周一次",那么它们还可以回到你的橱子里,继续待着。但是,并不能因为那个火鸡吸油器每年只用一次，就可以把它扔了。我们所了解的情况，会帮助我们决定该把它们放在何处。对于那些每年都用不到一次的东西，我们得好好考虑一下：它们真值得占用我们的空间吗？

你让我的生活更轻松呢（还是更麻烦）？我们当然可以直接在炉子上煮饭和烧水，但是，电饭煲和电水壶让生活更轻松。因此，厨房里得给它们留下一席之地。不过，我的卡布奇诺机就没必要留下，因为清洗起来实在让人头疼，倒不如出去喝一杯来得痛快。如果某件物品的安装、使用或清洗很麻烦（它们带来的好处不值得我们这么麻烦），那就考虑把它们请走吧。

你有备份吗？厨房用品就像办公用品一样，似乎会自我"复制"。除非你"身手不凡"，否则不可能同时使用一个以上的土豆削皮器或开罐器。而且，即使坏了一个，也很容易就买到新的，用不着留备份，腾出地方留给其他更有用的东西吧。

你好得让人舍不得用吗？婚礼用的瓷器和家传银器一般都"自我感觉良好"，觉得自己可以"无所事事"地赖在家里几十年。是的，它们常常被藏到餐橱里，难得一见天日。我们太念旧了，不想扔掉它们，也因为太担心（会打碎或弄丢其中一件）而不使用它们。这儿有个偏激点的办法：不用它们"全员上岗"，只留下其中一两件——用来装饰，或在与配偶的浪漫烛光晚餐上使用。

我多么希望能给你一张极简厨房的用具清单。遗憾的是，有这样一张清单也无济于事，主要是因为我们每个人对"必需品"的理解不同。只是因为你有一个螺旋形蛋糕模或炸锅，就认为你无法成为极简主义者，这种说法是不公平的。即便如此，在我看来，大部分人需要的厨房"必需品"通常比烹饪书或杂志上介绍的要少。

我和先生发现，只需四件厨具就够我们准备所有饭食了：一个大长柄煎锅、一个深底锅、一个煮面锅和一个烤盘。我家的厨房小家电有限：微波炉、热水壶、电饭煲和法式滤压壶（而不用咖啡壶）。此外，我们还有一些其他厨具：菜刀、面包刀、削皮刀、漏勺、蒸锅、砧板、量杯、锅铲、公勺、打蛋器、开罐器、开瓶器、奶酪刨丝器、不锈钢拌菜碗和滤水壶。有些人可能觉得我们这个清单不够全，而另外一些人会认为单子上列的东西已经太多了。但是，对我们而言，它们正好够用。

选择多功能而不是单一功能的厨具。

到底多少算"足够"呢？这得你自己说了算——然后按照这个标准，缩减你的厨具。为此，得选择多功能而非单一功能的厨具。樱桃去核器、挖瓜勺、面包切片机、熨斗、龙虾剪、草莓脱籽机和薄饼机之类的东西，如果不是经常使用，就没有必要占用你的橱柜空间。相反，还是用那些多功能的厨具吧。同样，也不需要全套的平底锅和深底锅，一两个常用尺寸的锅就足够了。

同理，也没必要积攒特别尺寸和形状的餐具（如盛蛋器或寿司盘），用那些灵活多用途的餐具吧。不必储备两套瓷器，比如一套"上好"的瓷器，以及一套日常用的瓷器，选一套适合各种场合的瓷器就够了。杯具也要精简，你又不是开饭店，用不着为不同的饮品准备不同的容器——如葡萄酒杯、马爹利杯、水杯、果汁杯。喝饮料（不是咖啡和茶），我就用一套简单的平底玻璃杯就够了。说实话，喝葡萄酒和香槟的时候，我更喜欢用玻璃杯，而不是长脚酒杯。

精简厨房的时候，别忘了在有些文化里，人们只用最简单的用具，就可以完成花样繁多的烹饪。创造出美食的，不是橱柜里的厨具，而是我们在厨房里的创意。美味源自心灵手巧，而非花哨的盘子和繁琐的餐具——正如佛教的僧侣所言——简简单单一个碗，一样能开开心心享受美味。

收纳

让家里的东西有条有理，使用便捷，就得确定你在什么地方完成以下这些步骤：准备、烹饪、上菜、吃饭、洗刷、垃圾处理，相关工具和设备也应该依此存放。比如，把刀放在切菜的地方，锅放在炉子旁边，洗洁精在水槽下面。把支付账单之类的杂物限定在特定的地方，避免钢笔和支票本乱放在台面上或者被塞进调料抽屉。

给每个物件留一个特定的位置。盘子应该整齐叠放，杯子摆得有条不紊。刀子、叉子、勺子、锅子、平底锅和其他用具都各居其位。如果需要，可以贴上小标签（"煮面锅""深底锅""麦片碗"），提醒自己（和其他家庭成员）放置物品的确切位置。

将物品分成你的内圈、外圈和深储存几类。属于内圈的物品包括盘子、锅子、用具、杯具、小家电和你经常要用的食物。把它们放到最方便拿取的地方；不能拿一个咖啡杯还需要支个梯子爬上爬下，或者为了一个削皮刀得穿过整个房间。在你的外圈——高处的橱柜、低处的抽屉和深处的角落——存放那些每个星期使用不到一次，每年使用超过一次的物件，比如，蛋糕盘、瓦罐锅、沙拉脱水器、华夫饼烤盘和烤箱用纸。

那些一年用一次甚至用不到一次（通常在节假日前后使用）的物品，属于深储存类——如火鸡烤炉、潘趣酒碗、调料瓶托盘、锔盘、甜品托盘、大浅盘和专门的亚麻桌布。把它们放到厨房或餐厅最高、最低或最难够到的地方。但是，不能因为你可以把东西放到深储存区，你就必须得这么做。如果你实在不需要它（或者在需要的时候能借到），干脆把它们请走吧。

有备份的物件和多余的原料在厨房很常见，因此，在厨房里按模块分类整理特别有价值。这样，我们就会发现（不知不觉中）某些物品是如何积攒起来的，这会让我们问自己："一个四口之家为什么需要十八个玻璃杯呢？""我们真会用二十双筷子吗？"以及"为什么我需要两个烤肉温度计，三个开瓶器或者四罐桂皮呢？"清理有备份的物品，既快又容易——不必难以抉择或者担心那东西没有了怎么办（毕竟我们已经有了一个）。这给我们的碗柜和抽屉创造出"呼吸"的空间，让我们在做饭时能更便捷地找到所需要的东西。

进行模块整理时，我们很多人会发现拥有的餐具远远多于实际需要。为什么呢？因为我们买来新餐具时，很少扔掉旧的。旧的常常还好用呢（我们以新换旧，不是出于必需，而是出于新鲜感）——于是，旧的就被"束之高阁"，以备"万一"时还能用得上。同样，这些新东西可能是长辈传下来的，也可能是别人送的礼物，我们觉得有义务给它们一个"家"。请根据你家庭的人数相应缩减盘子、杯子、碗、玻璃杯或其他器皿等餐具的数量吧，如果你们家只有四口人，为什么在柜子里塞十六套餐具呢？留下那些最新的、最好的和最漂亮的餐具，旧的不去，新的不来。

那么，你说，来客人了怎么办呢？在整理你的"装备"的时候，务必把你的待客习惯也考虑在内。搞清楚你在通常情况下，最多会请多少客人，然后留下够用的餐具即可。如果你难得开一次大一些的派对，那你可以租借需要的东西。还没准备好和你的餐具告别吗？把你碗橱里的餐具缩减到满足每日所需吧，剩下的放到深储存区，需要时再拿出来。

> 如果发现某类菜肴或某个菜更好的菜谱，
> 那就和旧的菜谱拜拜吧。

厨房小家电和电器也请限于那些经常使用的即可——当你更新换代的时候，就把旧的送人吧。别在橱子里塞满昔日的烤面包机、搅拌器或咖啡机；把它们送给年轻夫妇或大学生，他们一定开心极了！那些随处可见的塑料容器也要控制一下，它们虽然还可能有用，但是很快就会积攒一堆。挑几个留下即可，其余的，当作可回收垃圾吧。

不幸的是，每一个厨房都会有一个"垃圾"抽屉——里面放那些番茄酱包装、外卖菜单、电池、生日蜡烛、扎口带、点茶蜡烛、针线、剪刀、塑料餐具和其他一些稀奇古怪的小东西：把它们放哪儿都觉得不合适。该怎么处理这些乱七八糟的东西呢？好好掂量一下每一件物品，把那些能够归为"实用物品"类别的东西放到一块儿（还用那个抽屉，只是换了一个新的好名字而已）。把相关的物品放进自封袋，或放进抽屉分隔槽里。如果每一件东西都能方便取用，容易辨认并且真正有用，那么就没必要称之为"垃圾"了。

最后，我们再说说菜谱和烹饪书——它们进的多，出的少。随着时间的流逝，它们越积越多，而我们也很少把它们替换掉——我们的"收藏"只会不断增加。不知不觉中，我们的菜谱每天用一个，一年都用不完。与其都留着用，不如始终保持"新鲜"。如果发现某类菜肴或某个菜有更好的菜谱，那就和旧菜谱拜拜吧。想一想，你的收藏是流动的，而不是一成不变的；让它随着你口味的变化而不断变化吧。

维护

厨房是这样一个活动的枢纽，不但需要日常维护，还需要全天候维护。

如果我们不随时收拾东西，几个小时之内它们就会失控。脏盘子、罐子、平底锅在水槽里堆积如山；食品、各种装置和包装物堆满台面；账单、作业本和报纸也摊满餐桌；玩具、背包和购物袋满地都是；冰箱里堆着剩饭剩菜。一般来说，家里的人越多，厨房里的东西也越多。最后，厨房里凌乱不堪，根本没法在里面做（吃）饭。如果没地方刷洗、剁、切、剥皮、削皮，你很可能往微波炉里扔进去一些冷冻食品，或者干脆叫外卖。

别让凌乱夺走你健康的家常饭——保持厨房台面的整洁！如果上面要放东西的话，应该只放那些你每天要用的东西。考虑用装在墙上的隔板来放调料瓶、刀具和其他附件，用挂篮盛水果和蔬菜。

把微波炉、烤面包机和咖啡机之类的厨房小家电装在高一点的柜子上——这样可以释放出宝贵的空间。为了厨房漂亮高效，不要摆放小饰品和饼干罐，选择整洁、朴素的风格。我向你承诺：仅仅清理台面上的凌乱，就会让你充满活力，激发你发挥厨艺魔力！

> 厨房是这样一个活动的枢纽，
> 不但需要日常维护，还需要全天候维护。

此外，每次用餐后都要擦净台面。做饭时，用完厨具、原料后就立即拿走。吃完饭，擦净餐桌和台面上的所有残留。一用完餐具，就马上洗干净或者放进洗碗机内。最好每次餐后花几分钟清理，而不是等到下次做饭前再面对一片狼藉；一堆脏盘子很快就会浇灭你做饭的热情。实际上，尽量遵守以下规则：请勿将要洗的锅碗瓢盆留在水槽里！（至少别让它们在水槽里过夜。）每天都能有个新开始，这感觉很棒，但是，更棒的是每餐都有一个新开始！

厨房一直被视为家的心脏，是家人相聚和分享优质时光的地方。但是，正因为它是各种活动的热点地方，厨房的台面就成了凌乱的"磁石"。务必确保的是，无论谁随便在厨房乱放玩具、书、报纸或信函，那离开厨房的时候就得带走它们。（要么就警告他们，如果不带走，那就请在下一道杂烩菜里找吧！）留意地板上的东西，当你端着重重的锅子或滚烫的汤时，脚下的东西可能引发灾难。

最后，厨房是每天整理的绝佳之地。在这里，总会和什么东西说拜拜，不管是昨天的报纸还是上星期的剩菜。养成定期"扫描"冰箱、冰柜和隔架的习惯，看看有没有过期（或者你根本不想再吃）的东西，及时把它们清理掉。保证每天至少清理一样东西，不管是变质的食品、多余的咖啡杯、不再成套的餐具、不配套的盘子，或是很少使用的小家电。这样，单单你的"垃圾"抽屉就能让你一年都有事可忙了。想想吧——你的碗橱每天会越来越空！

26
盥洗室

下面我们做些较为容易的整理，准备好了？用我们已经掌握的极简主义办法来美化我们的盥洗室。一般情况下，这间房是家里面积最小的，和起居室、办公室、厨房等相比，里面的东西也是最少的，简化它，易如反掌！不用太费劲，养成几个简单的习惯，你就可以打造一个让你在刷牙时也能身心愉悦的空间。

在整理其他房间时，我们常常得把工作进行分解。盥洗室则相反，我们需要在这个较小的空间里做一些管理的任务——也就是，我们能够一次就做完所有的事。这里的地板、柜台和橱柜等所占的空间，都比其他房间小得多（都只有其他房间的一小部分），明显承担的功能也少。但是，空间小，意味着我们更得特别注意怎么组织和使用房间。我们不是要外出去决定我们需要买多少东西进来，而是考虑如何尽可能少放东西。盥洗室的目标，是打造一个宁静的，像温泉浴一样享受的氛围。

首先，请闭上眼，在脑袋里想象一下理想的极简生活盥洗室是何种模样。想象一下，多余的物品，我们看见的那瓶发胶或睫毛膏，

PART THREE: ROOM BY ROOM | 第三部分 一间间屋子来

统统拿走。环顾一下可爱的空荡荡的地板——角落里没有堆放的毛巾，水池下也没有塞其他东西。匆匆瞥一眼光滑的浴缸表面，精心挑选的清洁用品。打开抽屉和盥洗柜，里面摆放有序的卫生及梳洗用品，让你眼馋吧。没有一件东西不在其位，也没有一件东西挤不进去，一切井然。你的目光会停留在盥洗台上摆放的香薰杯蜡，或者是那枝兰花。哈，这样宁静放松的环境，你能在里面待上一天吧。

好，回到现实。但是，最好是说——让我们把这一切变成现实！重新开始吧。就像整理其他房间一样，得先腾空这间房，把抽屉、架子和橱柜里的全部东西都拿出来。台面上的所有东西也都拿走。别漏掉浴缸和淋浴隔间，把那里的肥皂、洗发水、剃须膏、刮胡刀，以及其他的瓶瓶罐罐都拿走。拿出盥洗室，放到其他地方（比如卧室的地板，或者是起居室的桌子上）摊放，以便检查。把东西从其一直放的位置拿走，脱离其"语境"来进行评估，如此清理工作就更有效率。当你确切地决定自己需要哪些东西后，再一件件放回去。

整理

在把东西按照废物、宝物和转让物的原则来分类处理时，先从头到尾想想一天的日常生活。假装你正在刷牙，从留下的那类物品中拿出牙刷、牙膏、牙线。假装你在洗脸，要用洗面奶和洗脸毛巾。再继续假装自己刮胡子、化妆、整理头发，以及其他的梳洗，然后把所要用的东西都放到留在盥洗室的物品中。而你用不上的那些东西，也一览无余，这可以提醒你，为什么要留下这些无用之物。

有些东西被扔掉，是因为时间。比如，你不怎么常用的某些化妆品，也许还没用完，就已经过气了。尽管化妆品不太标注保质期，但也有一定的贮存期。液体类或膏状类——特别是涂在眼皮或眼睛周围的——一般期限是三到六个月，粉底、遮瑕膏、腮红、口红等，一般是一年。质量变坏的原因是，潮湿环境滋生的细菌。搁置太久后使用，皮肤可能会受到刺激和感染。

同样要勤于扔掉时间太长的药。大部分药，不管是处方药还是在药店购买的，包装上都会注明保质期。具体的药品，向医生和药剂师咨询其使用期限。过了保质期，必须扔掉——用负责靠谱的办法。不要把药扔进垃圾里（孩子和宠物可能会误用误食），也不要扔进厕所里（以免可能污染循环水）。正确的做法是，把过期药送回药店，以便合适地处置。

> 把东西留在盥洗室的最好的理由是，你要用它们。

把东西留在盥洗室的最好的理由是，你要用它们。反之，把东西请出去的最好的理由是，你用不上它们。在整理物品的时候，把你近半年来没碰过的东西搁在一边。如果没有留下它们的好理由（比如医疗），那就清理出去，解放橱柜空间——如果是容易变质的产品，也就是，即将寿终正寝的产品。对于这条法则来说，唯一例外的，是应急用的物品。这类东西，更多的是"万一有用呢"，或"以防万一"吧。要备好一个备置充分的急救用品箱，里面装有绷带、纱布垫、胶带、消炎药膏、外用酒精、体温表、退烧药、镇痛药、抗组胺药、止泻剂、抗酸药等等。这些东西，哪怕你半年或六年没用过，也没关系——备在身边，因为你不知道什么时候你就需要用它们了。（当然，你得定期查保质期，更换药品）。

物品留下来的第二个好的理由是对你有用处。你明白我在说什么：洗发水让你的头发更柔顺，美颜膏抚平你的皱纹，眼影让你的淡蓝色双眸更诱人。另一方面，处理掉那些东西的理由也是，对你没用了。比如，刺激你皮肤的润肤霜。不要因为那是你用钱买来的，你就必须得留下它，或者必须得使用它。最后，我们想想另一个留下来的不太好的理由是，这东西免费。这类东西往往是邮寄来的试用装，你从化妆品柜台拿回来的免费赠品，以及你从酒店带回的小包装的肥皂、洗发水等。我知道这些梳洗用品超级可爱，但是，如果你不用，它们也就是超级可爱的杂物。如果你真没打算用的话，就别带它们回家。打造一个极简生活的盥洗室，有助于我们减少美容化妆的梳洗日常。专业产品既耗时间，也让我们的梳洗过程变得复杂。突然间，我们发现自己的梳洗过程竟然有五个步骤，三种防衰老面霜，或者每周敷好多次面膜。我们卷，拉直，喷摩丝，用发胶，梳理、抓揉或者定型我们的头发。我们涂抹遮瑕膏，涂亮颊骨，拉上睫毛。哈！早上的梳洗本身就成为一份工作了！

仔细审视一下你的日常生活，看看哪些流程是可以删减的。我保证，即使你减少了一半的梳妆打扮，你也一样看上去光彩照人。假如你把护肤程序缩减为抹肥皂和水，那洗面奶和爽肤水就可以免去了。你要是决定让自己优雅从容地变老，那防衰老面霜也可以免掉。假如你只需要最基本最简单的化妆和打理头发，那可以扔掉大把的相关产品了。美丽不是从瓶瓶罐罐中来——而是来自内心。促进你美丽的，不是堆积的黏糊糊的东西，而是自然美丽，比如，体育锻炼、健康饮食、大量的水、好的睡眠等。

为了进一步减少东西，尽量选用多功能产品。比如，清洁和护理功能二合一的洗发水、带色润唇膏、可洗发用的沐浴露、具有防晒功能的保湿霜。一些家用物品也可有美容功效。比如，苏打粉就可以用来去角质、刷牙、手部清洁、沐足、头发护理等。橄榄油可以做面部保湿、卸妆、头发保养、去皮肤角质、做唇膏。凡士林可以用来做手部、足部、膝盖和肘部的护理，也可替代睫毛膏。选用多功能的产品，可以减少把橱柜塞得满满的化妆品。

现在讨论毛巾。这类东西快速增加！为什么？因为我们买回新的时，不会扔掉旧的。毛巾太实用了，我们一条都不敢扔掉。毛巾架上最好的地方挂着我们新的毛巾，旧的被放起来作为备用，一年时间过去，衣柜里的旧毛巾越堆越多。扫描一下盥洗室、衣柜，以及存放它们的任何地方，都找一遍，然后做个记录。你有多少毛巾？你家共有多少人？假如这两个答案得出来的数字相差较大，那么你就该处理掉一些毛巾了。

只要做个决定，家里每人需要几条毛巾。如果你是一个极端的极简生活主义者，估计数字是一条。但是，大部分人可能觉得两条更让人舒服。第二条毛巾，我们一般做备用，比如换洗用，或有客人来。而且，把毛巾的大小也限制在一个通用的尺寸上；浴巾可以有多种用途，洗手、洗脸用都行，也可作为擦手巾。你攒的、洗的、记录的东西越少，越好。此外，因为盥洗室如此小的功能性空间，要忍住诱惑，别在里面放小玩意小摆设了。省省吧，别放蜡烛，也别放小花瓶了，尽可能把装饰用的东西减至最少。囚为这些东西会变得潮湿，会变干，会妨碍你的日常生活。而且，在你吹头发的时候，也不必担心打碎东西了。至于阅读的报刊书籍等，带进去就得带出来——盥洗室不是图书馆！

收纳

盥洗室的空间紧凑，几乎储存不了什么东西。而且，每件东西都有其固定的位置——就像是排好队形去作战的军队，而不是狂欢后的狼藉。盥洗室里的东西也分为内圈、外圈和深储存。内圈的东西，应是你梳洗用的大部分东西，简而言之，就是你每天要用的东西。最典型的是牙刷、牙膏、牙线、洗脸用品、保湿霜、防晒霜、化妆刷、梳子、剃须刀、剃须膏、棉签、棉花球、洗脸毛巾，以及其他你正用的毛巾。自然，这些都是你每天要用的，那就得放在容易拿到的位置，这样可提高你的日常梳洗效率。外圈则是那些你偶尔用的东西。比如，卷发器、鼻毛修剪器、急救用品箱、剪发器，以及其他备用毛巾和化妆品。深储存的物品，是指如果你买了大批的某种东西，比如浴皂或厕所用纸，盥洗室装不下的话，就放置到深储存的地方去吧。

在整理小玩意等杂物时，按模块合并同类。在每一组物品中，严格而挑剔地长时间打量这些东西。很可能，你会发现有不少复制品。剔除那些多出来的梳子、镊子、指甲钳。你可能会发现，自己竟然有十八种颜色的指甲油，或六种不同香味的乳液。把这些东西放在一起，你会发现，东西是有点多了！询问自己真的需要多少，然后逐一排除，挑出你最爱的那部分物品。

一旦你开始减少盥洗室的相关物品，就要用容器来装那些小而零碎的东西。化妆品放在化妆箱，各种发夹（回形装的、直线型的、弯曲的）等头饰放在有关的包里。同样的方法来处理药品、美颜霜及其他的梳洗用品。当这些东西堆放在抽屉里时，很难控制其数量；

而且，这种胡乱堆放，也给其他杂物提供了极大的藏身之地。而把它们分门别类放的时候，很容易找到，也让其可控。你甚至可以搞点花样，给模块区搞点装饰，把棉球、棉签和浴盐装进玻璃药瓶里，这会很好看，让盥洗室变得时髦，且有泡温泉之感。

在盥洗室里，给每个家庭成员准备一个抽屉或一个架子，这样的话，每人都有私人模块。这可以防止家里的化妆品变得一团糟。这个法子，可以让每个人都有固定的地方来放置自己的物品，就不能乱放在其它地方了。如果你家青少年的美发用品，或者是你配偶的洗发水不能放在自己专属的架子上，因为东西太多，放不下了，那就让他们自己另外找地方放多出来的东西。要是盥洗室的储存空间不够，那就换这个办法：在盥洗室里只放一件公用物品，其他东西每人各自装在一个可携带的浴室小推车里（进来时带进来，结束后带出盥洗室）。这个方法是从大学生宿舍借来用的，减少了杂物，把房间变成了一个多功能空间。

在对盥洗室物品尽量限制时，魔法数字是 1。为了创造一个真正极简生活的药柜[1]，把每样化妆品的数量都减至 1：一瓶洗发水、一瓶护发素、一件洁面奶、一件爽肤水、一件保湿霜、一瓶香水、一瓶须后水、一瓶润肤露、一支牙膏、一支口红、一盒眼影、一盒睫毛膏、一盒腮红、一瓶指甲油，等等。每样东西都只有一件的话，

编者注：西方人会把一些常用药品放到盥洗室装化妆品的柜子里，统称为"药柜"。

会大大减少橱柜里的杂乱，早上也不用想太多（不用挑来挑去）。一样一件同样会减少对环境的影响，不管是其生产还是处理。一样一件意味着，我们接受了知足的概念。

为此，你得等东西用光了，再去买新的。我知道，这事儿说起来容易做起来难。当我们耳朵里听到"完美的"晚霜，或"必须拥有"的睫毛膏这类字眼时，我们不能急匆匆赶紧进入美丽通道！试着忍住，压制下购买的冲动，尤其是家里有同款产品的时候——或者至少你得把旧的，用了一半的，没那么神奇的化妆品处理掉，再买回新的替代品吧。不要觉得自己有义务保留那些多余的，以为某一天你可能会回去用掉它们：很可能在你准备用它时，已经变质不能用了。同样的道理，一旦开始用新的，那些几乎空了的牙膏和空护发素瓶，就清出去；你不可能有超人的力量，挤出里面那一点点微粒。密切注意你的化妆品。要是你从秋季时尚调色板带回一支口红，或者是从春季系列产品中买回一款新的眼影，那就对上一季带回的产品说再见吧。新的产品比藏一堆旧东西有趣多了。

维护

维护一个清理好的盥洗室非常容易！实际上，在这里，你可以好好锤炼极简生活的能力，获得相关技能和信心，来处理其他房间。假如你是一个好的看门人的话，这份工作就更简单了。

PART THREE: ROOM BY ROOM | 第三部分 一间间屋子来

　　你要一直注意那些任性妄为的东西，特别是你和家人共用盥洗室时。每次离开这个房间的时候，带走那些不属于这里的东西，比如学步孩子的鸭嘴杯，配偶的《大众机械》，或者泡澡时阅读的书。确保不会有人把地板当做临时洗衣篮或储物地。一出现这样的情况，立即安排收拾东西，把乱放在地板上的东西收回到该放之处。

　　理想的情况是，盥洗室所有的台面都干净整洁，没有摆放已经用好的东西。我明白，有时候会忍不住把牙刷或除臭剂放在台面上——毕竟，你每天都看见它们——但是杂乱喜欢社交。一旦让它们出现在台面上，很快，会有一把发梳来到，一把剃须刀会出来闲荡，口红、爽肤水、香水等都可能来凑热闹。再加上其他家庭成员的用品，好吧，你的台面很快会拥挤不堪。到了最后，把这些东西统统一扫而光，反而容易点。

　　出于同样的原因，绝对不能让地板上有任何东西——不能有毛巾、待洗的衣服和其他的物品。脏衣服放进洗衣篮里，多余的物品放进橱柜，篮子或者可折叠的箱子（也可放在家里其他地方）。毛巾和浴袍等挂在钩子或竿子上。浴盆壁架也得保持清爽；装一个架子或者是浴室小推车来放肥皂、洗发水、剃须膏等，别让这些东西放在周边。

　　盥洗室的台面保持整洁，不仅是为了更有吸引力，而且更卫生。浴室是暖和、潮湿，且封闭的环境。容易蒙尘，也容易滋生霉菌和细菌，而这些东西都粘附于里面任何一件物品上；我们给细菌们提供的东道主（寄主）越少，越好。清理台面相对较容易，因为你不必担心挪动它们或撞翻化妆品。

  起码，你得在上床睡觉前清理好台面。把所有的化妆品、工具、小玩意等都放在指定的地方，所有的毛巾挂起来，快速擦一遍台面。每晚上床睡觉前都做一遍的话，那么在每一个早上醒来时，你可以见到一个美丽的极简生活的盥洗室！

27

储藏室

生活空间已经整理好了,现在我们的目光要转移到储藏室了——比如,阁楼、地下室、车库。我们常常把杂物从其他房间挪到这些地方,那些东西往往是我们不知道该怎么处理,才挪到存储空间来的。不过,"眼不见"未必就意味着"心不烦"。

储藏室就像是我们解决杂乱问题的答案;要是我们有一个完整的地下室,大大的阁楼,以及可以停放两辆车的车库,那么我们的生活将会多么井然有序!但是,很遗憾,这种解决办法常常会事与愿违:东西太多,空间不够,在我们意识到这点之前,已经有太多的东西需要处理。我和先生曾经在一个公寓里很舒服地住过,除了一个实用的壁橱,没有其他储藏室。然后我们搬到了一个有三间卧室的房子,有阁楼、地下室、车库。猜猜发生了什么?东西呈指数级增长!在住公寓那些年,每次想要新买一件家具或运动娱乐设备,都不得不放弃——很简单,我们没地方放。后来一搬进大房子,这些东西就在我们地下室上足了发条,买来放到那里,只是为了某一天我们可能需要它们。好吧。"万一要用"的那些东西越堆越多,结果造成了一个全新的杂物问题。坦白说,如果没有任何储藏室,可能更容易过极简主义生活!

为了避免杂物越积越多,储藏室也要像生活空间一样,进行整理。有大的车库,并不是你把它每寸空间都塞满的理由。车库最好是放车而不是放一堆你不用的东西。而且,那些地方可以作为额外的机动空间用;比如,可以给某些乱七八糟的爱好提供理想的场所,甚至可以改装成家庭房或者卧室。别让那些无用的东西堆在那里,这会阻碍你挖掘利用其潜能。

> 为了避免杂物越积越多,
> 储藏室也要像生活空间一样,进行整理。

有关储藏室,有两种重新开始的方式,任何一种都可以:一次清理一部分,或者是全部干完。要是你信心十足,那就整大的!拿出整个周末来清理,把地下室,阁楼,或车库里的东西全都搬到院子里或你家的车道上。东西躲在黑乎乎的角落,容易被忽视;把它们挪到光亮之处检查吧。有时候,简单地挪出一件东西,就可以帮你克服保留的冲动;你会突然觉得荒谬:那双旧的棒球钉鞋,或者那辆多年不骑的破自行车怎么还挂在那儿?

为了获得更好的效果,让全家人都参与其中,就像开个party一样。打开音乐，备好点心，营造一个有趣的氛围，这样更像一场游戏而非乏味的家务活动。适当进行有益的竞争会有帮助：把清理各自的东西作为每个人的任务，最后东西留得最少的，就是这次清理活动的冠军。为了增加游戏的刺激度，可以制定如何使用新空间的计划；要是计划把新空间变成一个家庭剧院或者乐队训练场地，家里的青少年会非常欢迎的，也会积极踊跃参加。

另一个做法，假如要清理的东西太大，那就分开，用一个个箱子分装。每次清理一点，会让那些得费大力气完成的东西，看起来没那么令人生畏。为了取得进步，需要制定一个常规计划：比如，每天或每周整理一个箱子。把它从存储区搬出来，挪到屋子的另一个地方，好好检查里面放的东西；当你把东西从平常放置的地方挪走后，就不太可能再把其放回原处了。这个过程慢一点的话，可以让你仔细检视后再处理它们。另外如果你还用着并非你所有的储物仓，一定要放弃！这就好比是你给多出来的物品去租一个二手房一样——存放的东西，甚至是你不喜欢到难以忍受的。思考一下以下的这些问题：你能凭记忆列出放在其中的物品吗？如果不能，你真的需要那些你甚至都记不得的东西？你上次最后一次用那些东西是什么时候？花钱存一些你从来不用的东西，真的值得吗？如果你都不想让这些东西放在家里，那为啥要留着呢？这种情形下，你可能会发现，作为重新开始的第一步，最好的做法是：给它们自由。

整理

当你把物品分成废物、宝物和转让物的三部分时,让过程简单一点,并遵守以下的原则:那些你超过一年时间没用过的东西,请走吧。一年的时间足以涵盖你那些假期装备的使用周期:泳池玩具、雪铲;只在一年的某段时间使用的运动设备,比如棒球棒、冰球鞋。所以,假如你已不再滑雪,也不再使用露营装备了,或者去年(甚至几年时间)已不再张挂万圣节装饰品了,那就是时候问问你留下这些东西的理由了。

在你常常存放破损物品的地方,可能会发现大量的,属于被扔掉那一类的物品。想想,如果你已经买了一个新的,你怎么可能会去修理那台旧电视或割草机呢(给你个暗示:绝对不会!)。同样,你也可以问问自己,你会把那把椅座坏了的椅子,以及桌腿坏了的桌子搬回起居室吗?假如你真的要修理这些东西,你早就那么做了,而不至于等到现在。放手吧,这样你也可以摆脱修理的任务了——这会减轻你的心理负担,并让你有机会来做其他(更愉悦的)活动。

需要转让的那类物品也会很快收集起来,因为,储藏室几乎是全方位接受了你那些被废弃的项目、或曾受青睐的各种爱好。我们经常会感到愧疚,因为我们放弃了某些活动,尤其是,我们还为此买回来相关的设备和训练器材。然后我们就把那些设备储存起来,发誓某一天还会回来用上它。记住,你没有义务一定要继续这些爱好和活动。把那张你不会用，也不会再用的旧桌子捐赠出去吧，多年没碰过的钓鱼竿，送给邻居，或者那台你买了没学会怎么用的缝纫机，也送去。允许自己继续前进——如释重负！当这些东西不再压在你心头，你就有精力和热情去寻求新的激情。

家具同样如此。我们重新装修时，常常会剩下一些不再适合放在屋子里的家具——但又不处理掉——于是，它们就被挪到车库或地下室里。那些没人再用的椅子，饭桌，办公桌，或床，为什么要留着呢？婴儿用品尤其会出现这样的情况；储藏婴儿床、高脚椅和婴儿围栏等物品的唯一理由是，你打算再要一个孩子。把那个已有十五年之久的摇篮储存起来，是因为它让你想起当年孩子们的美好时光？别傻了，这世上哪有时光倒退的魔力？这些东西，都转送给其他需要的人吧，与其让其在地下室里蒙尘，不如帮帮辛苦度日的年轻家庭。

而且，不要把你的阁楼（地下室或车库）变成一个昔日物品博物馆。挑剔地打量你那些年鉴、游泳奖杯、字母毛衣、毕业礼服，以及其他的纪念品；如果你没有打算重新穿上足球服或拉拉队制服（如果你可以，那就给你更多的权力，留下这些东西的权力），那就让你自己从这些"上古神器"中解脱出来。对于藏在这里的家传物品，也作同样的考虑：它们要是没有足够特殊的理由待在房间里，那就好好想想，它们是否有足够特殊的理由不被清理出去。

最后，在收集需要保留的东西时，请记住：储藏室再美好，也不如屋子里其他地方一样洁净，并易于控制温湿度。随着时间的流逝，这些物品会因为灰尘、污垢、潮湿、细菌和其他生物而受损。如果哪天你真需要这里的东西，结果却发现它已经不是最佳状态，你不得不买新的。（这些年这种情况发生太多了）许多婚礼礼服——原本打算传给下一代——却慢慢"消亡"。确保你留在储藏室的东西，能扛得住这样的环境。要是不能，就把它们放进你主要的生活空间去，以便安全地存储；或者是宁愿给其他人现在用，也好过让它们在这里变坏。

即使不在我们视野之内，阁楼、地下室、车库里的那些东西也一直在那里——笼罩在我们的脑海中，堆在我们的脚下，并挤压着我们。只要一想到被垃圾包围，从心理上，我们就会有窒息之感。因此，尽可能减少这些空间里的东西：只留下你常用的（预计不久会用的）那些东西。不要想着"万一要用呢？"——东西越少，生活越快乐！

> 当你用自然之物装扮房间时，家就有了全新的面貌，在任何意义上都是——更棒的是，家里还不用储备东西。

首先，重新考虑那些季节性装饰物。大自然的馈赠要比从商店

买来的装饰品优雅得多,为什么把空间奉献给后者呢?假日期间,用万年青、松树,以及冬青枝来装饰屋子,别用人工制造的小玩意了。用自然之物美化你的家,秋天有橡树果子和树叶,春季用鲜花和干花。用鹅卵石、枝条、水果——而不是大批生产的小饰品——打造你家的色彩和质感。当你用自然之物装扮房间时,家就有了全新的面貌,在任何意义上都是——更棒的是,家里还不用储备东西。

其次,选择不需要什么设备的运动或者爱好。你可以踢足球和打网球,它们所需的装备比曲棍球、橄榄球少多了,可以练习瑜伽、空手道、跳舞等,这些都不需要什么装备。你可以在广阔的户外走路或跑步,而不用买一台跑步机回家,专注于健身操,而非健身器材。爱好也是如此:木工、制陶、金属加工等都是非常棒的活动,但是需要许多工具和材料。学一门外语、写诗歌,或者是写生等,也同样让你感到满足,而且还不需要什么材料。

最后,去借东西吧。要是你只是偶尔去滑一次冰,买鞋不如租鞋;如果你一年才清洗一次护墙板,那就去家居装饰中心租设备吧;假如你只是有个千载难逢的机会需要用钉枪,那就找邻居借。或者加入一个当地的工具库,在那里你可以获得大量的各种维护和园艺设备。而且,要是你很少用小汽车,那就卖了它,加入一个小车共享项目——既减少了开支,也增加了车库空间。

收纳

在这些存储区——就像在屋子的其他地方一样——关键在于每件东西都有（并待在）指定的地方。零碎杂物的随意堆放会很快淹没这些空间。忍住诱惑，不要把东西丢在某个角落，或塞进最近的那个架子上；否则，你最后会面对巨大的、杂乱无章的烂摊子。

仔细规划空间，把每件东西都放到合适的区域。比如割草机、修枝剪、盆栽土壤等放到草坪和花园区；网球拍、轮滑鞋、足球等放到运动区；雨刷液、扳手和机油放在小车修理区；螺丝刀、电钻，以及虫害防治产品等放在家庭保养区。把储藏室分成具体的区域，有助于在需要的时候方便找到它们，也能阻止没用的物品偷偷溜进来。

> 在这些存储区——就像在屋子的其他地方一样——
> 关键在于每件东西都有（并待在）指定的地方。

你可能会假设，储藏室的每件东西都属于深存储之物，但事实并非如此。地下室和车库里存放的东西，是我们常用的物品；所以，需要重新整理这些空间，以便容易拿到那些最常用的东西。常用的每件东西都放在内圈——比如清洁用品，修剪草坪的设备，家用品和汽车修理工具——放在最接近的架子、搁物架和钩子上。把内圈当作是一个积极活跃的空间,那些定期得做的事情,其必需的相关设施装备都放在这里。

外圈主要是存储用——比如,一年用一次的东西,或者一年某段时间要用的。这里可以存放节假日装饰物、易腐易损的救急物资,以及过季的维护和运动装备(比如夏季存放于此的除雪机和滑雪板,冬季存放的洒水装置和露营设备)。最后,深储存部分是提供给那些你不打算见到的东西,它们只是为了某个理由而留下来。这类物品不应涉及太多,基本上只包括不容易受损的急救物资、财务或法律文件等。最重要的是,不要把那些你不想处理的东西(比如家传之物)藏匿于深储存区。

如果这些存储空间存放的东西太宽泛——从冷却器到橡皮艇,从耙子到轮滑鞋——模块管理是让它们井然有序的最好办法。把同类物品放在一起,从最大的到最小的,全部放在一块:铲子和耙子放一起,螺母、螺栓和螺钉按照尺寸和类型来分类。(对天生的整理者来说,这是梦想之物!)不要笼统地在那些箱子上贴"家庭维修"的标签,要把里面的东西分成管道、电气、木工、油漆和外墙保养等模块。同样,装饰品也按照季节和场合来分类——这样的话,你就不会在圣诞球里去找生日彩带了。按照活动和参加者,对体育设施进行分类,冬季用品(靴子、帽子和手套)和夏季用品(人字拖和沙滩毛巾)分开。在这个过程中,清掉那些多余的或者重复的东西。

接下来，找合适的箱子、盒子来装尺寸不大的物品；否则，听之任之的话，那些东西会到处瞎逛、闯祸。透明的箱子和盒子是比较理想的，因为这让你一眼就能看清所装之物。在不透明的容器上贴上标签或色码——比如园艺工具用绿色，急救物资用红色——这样的话，就用不着打开检查，才能知道里面装的什么东西。更好的办法是，往前更进一步：给所装的物品列出清单，并贴在每个箱子上。有了这个系统，并一切就绪的话，你就可以在几分钟之内找到任何想找到的东西——也能阻止那些游荡之物进来。

有进必有出，离去的东西，并不是从屋子里出去后，去了车库！

储藏室不在我们视野范围之内，所以我们得忍受诱惑，不要把觉得合适的东西都塞进去；这不是极简主义者的做法，对吧？相反，我们要自由使用设立限制的办法，控制局势。首先，要考虑限制放在架子或垂直码放（储存）的部分，看哪些东西可以存放于此。把地板解放出来，如此你会避免大量潜在的杂乱，给其他活动留出空间（比如停车，完成某个爱好，或者组建一个车库乐队）。通过分门别类，也可以限制拥有的东西——比如，运动设备装一两个箱子，季节性饰品一两个箱子，或者装一两箱工具。如果你必须储存一些赠品、纪念品或其他含有感情因素的东西，那就把它们放在一个单

独的箱子里。

要是不细心点，我们的储藏室很容易成为一个黑洞：东西只进不出。阁楼和地下室沦为旧技术的博物馆，旧工具的退休之家，以及过去消遣娱乐的纪念馆。打破这些东西的"万有引力"，得用一物进、一物出原则：更新家里的电子产品和其他东西时，旧的就抛弃吧；进行一项新的运动或娱乐爱好时，旧的（包括相关设备）也请统统放弃。有进必有出，离去的东西，并不是从屋子里出去后，去了车库！

维护

在阁楼、地下室和车库等地方，那些作为功能性使用的空间——比如工作台或桌子——必须保持完全整洁。有时候在这些地方执行的任务比较危险，所以，保持台面的整洁是最基本的安全预防措施。换句话说，当你在使用电钻或处理危险化学品的时候，你不想看见有网球滚来滚去。而且，当你着手处理一个项目时，却发现在开始前不得不先清理垃圾区，这会让你感到泄气沮丧。为了保持台面整洁，在上面装一个挂板；这样，所有的工具、螺丝、钉子、螺钉以及其他的东西都会离开台面，而且伸手就可拿到。

同样的道理，尽量保持地板整洁空旷。这些地方可能不太舒服，不够亮，要是地上有东西的话，可能会被绊倒。要自由使用好垂直储存的空间，比如架子、挂钩和夹具。许多东西都可挂起来，如耙子和铲子等园艺工具；滑雪和滑冰等运动装备，以及装有足球、头盔和其他配饰等小物件的网兜。安装顶头支架，存放自行车等大件物品，免得它们挡路。理想的情况是，你可以在那里畅通无阻，路上不会跨过，绕开或者撞上任何东西。

为了保持存储空间的整洁有序，你必须做好守门工作。

为了保持存储空间的整洁有序，你必须做好守门工作——因为一旦有东西落户于此，再把它请走，会费较大的劲儿。对那些想进入阁楼、地下室或车库的东西，得先盘查一番；如果有东西从房间里被清理出门，那它常常也就是彻底离开这个家庭。不要把储藏室当做是逃避现实或推诿决定的地方；当你发现自己带着叔叔收藏的八音盒步入阁楼时，停下脚步，想想有没有另外一个处理办法。把它送给嫂子或捐给慈善商店，也许是比自己存储更好。

另外，考虑"一天一个"的整理办法——这些地方提供了充足的机会，让你清理家里多出来的杂物。更好的是，这事还容易：由于这些东西已经离开了你主要的生活区，某种程度上它们已经和你渐行渐远了。你不必每天都观察或使用它们，至于没有它们的生活会是什么样的，你可能有更好的想法。从这些方面考虑一下：如果你正在参加一个越野活动，你会不嫌麻烦带上它们吗？如果这些东西不是足够特殊，或足够有用到你愿意包好，装好，随身带走，那你不如给它们自由。到了年末，你会发现自己少攒了 365 件东西——这本身就是多美妙的动力！

至少，一年得有一次主要的整理活动；把它安排到某个假期的周末，营造某个特别的节日氛围。阁楼，地下室，车库里所有的东西都搬到院子里，然后尽量只搬一半的东西回去。不用的工具，不再喜欢的爱好设施，长大不再适用的运动设备，以及过去一年里溜进来的其他东西，全都清理掉。为了增加刺激性，可以计划在接下来的一周时间做一次庭院拍卖，并从售货所得的收入中拿钱出来做有趣的事情——比如家庭旅行或参加游泳俱乐部。让其成为一项家庭传统，这样每个家庭成员都会期待每年的"全新开始"。

28
礼物、家传物品、情感寄托物

在整理房间的过程中，你会遇到某些物品，让整理工作暂停。这些物品，既没啥用处，也不怎么好看，但是你还不能扔掉。更讽刺的是，甚至都不能选择拒绝它们进入你的生活。我这说的是什么东西呀？礼物、家传物品，以及那些情感寄托物。

礼物

礼物总被认为是好的，对吧？我们应该高高兴兴送礼物，高高兴兴接受它们，并在余生里珍惜它们呢。有史以来，礼物一直有强大的象征意义——传达敬意，溜须拍马，表白传情，热情好客，传递友情，请求谅解，等等。这里的关键词是"象征性"。礼物本身只是某种情感、某个意图，以及某种关系的象征——没有那些物品，其代表的情感、意图和关系都仍然存在。换句话说，那个有"好朋友"标记的马克杯所代表的朋友关系，和马克杯本身毫无关系。

遗憾的是，现代的礼物馈赠已经被夸张的商品营销搞得应接不暇。每逢重大节日，接踵而来的广告会敦促我们给所爱之人买这买那。商家们许诺，只要给亲友们买下这些礼物，幸福就会永远留存，比如，给妻子买这件珠宝，给丈夫送套小工具，给朋友这条围巾，给孩子们这些玩具——另一方面也暗示，假如不买的话，他们会很失望。结果，我们现在的礼物馈赠就常常被义务、期待以及负疚感所推动、激化。

拜营销所赐，我们的每个节日、生日、婚礼、纪念日，以及乔迁日，都须有礼物往来——抽屉、橱柜里多得溢出来的那些礼物，就是证据。这些各种"日子"再乘上亲友同事的人数，礼物很快就会堆积起来！对极简主义者来说，面临的挑战有两个方面：清理掉不想要的礼物，如何避免新的礼物。

前面列举的所有礼物，几乎是以最快的速度被送礼者遗忘的。你还记得两年前送给上司的圣诞礼物，或者送给配偶的生日礼物？如果记得，那你看见它们了吗？——你在意吗？对大部分人而言，"送"的本身是重要的，送给对方后，他们不会再想那个礼物。所以，当你嫂子来参加你家的晚宴时，她可能不会在你家的架子上找去年送给你的烛台。重要的是心意，而非礼物本身。

所以，留下那些你真心喜欢的礼物，其他的就处理掉吧——把它们当做赠送者的慷慨大方，传递给世界吧！将来，就把不想要的礼物直接放进捐赠箱里。这些礼品不在家里安营扎寨的话，遣散更容易。放上几个月，再捐赠给慈善机构；要是这期间送礼者来访，就把礼物暂时拿回来，展示一下。处理"远道而来"的礼物更容易：一封真诚周到的感谢信，一张礼物使用中的照片。围上表姐送的手织围巾，或者挎上阿姨送的手提包，拍张自拍照。把照片送给送礼者，实物送给慈善机构，大家都很高兴。

另一种做法是，把礼物卖掉，所得的钱用来买新的。如此，你可以用一种更有用的更美好的方式来纪念送礼者的心意。如果能遵守几个简单的原则的话，你也可以将礼物转手。这些原则是：确保这件东西适合收礼方，或者这东西本来也是你想买给对方的；礼物转送的接收方，和当初送给你的人属于不同的社交圈（最好是不同地区）；转送的礼物，只能是那些你没有用过的东西。

多花时间在一起，来代替礼物。

但最好是——不参加所有的礼物往来，这样就可以避免上述的所有情况。我知道，我也明白——说起来容易做起来难！同事之间或者是泛泛之交的熟人圈，可能容易些，在亲朋好友中，则另当别论了。改变节日的传统习惯是一个挑战，需要用外交技巧和体面的做法来应对。为了增加成功的机会，需要做出点新意：比如多花时间在一起，来代替礼物，或者是表达保护地球资源的愿望。假如零礼物政策难以推行，那就建议做秘密的圣诞礼物交换，或者是

Pollyanna 礼物交换（也是一种圣诞礼物交换）。至少，这样你只收到一件礼物，而非五件，十件，甚至二十件。

对那些坚持送你礼物的人而言，你要明确表示你的偏爱之物。告诉他们，美味奶酪、意大利面和咖啡豆是你非常喜欢的礼物；向他们提及你对甜食的喜爱，用渴求的语气谈起烘焙食品和手工巧克力。让大家知道，你喜欢浴盐、手滚蜡烛、带香味的身体乳液。向他们提醒你的园艺才能，以及你花园里需要的植物、花卉以及种子。另外的办法是，暗示一些"体验性"的礼物——比如，音乐课、剧场演出的票，或者是博物馆的会员资格。或者是提供服务的礼物交换，比如看孩子、铲雪、洗车或电脑助手。互相给对方提供针对特殊任务的"优惠券"，在需要时使用。甚至可以更简单：一起吃饭或喝咖啡，庆祝节日。

最好是用慈善捐赠来替代礼物。我们花在相互赠送的小玩意、小摆设、小饰品上的钱，可以用在做好事上，用在那些不幸的人身上。不去购物，而是在某个下午，和你所爱之人（务必让孩子们参与）一起去做喜欢的慈善：这样的体验定会比在商场里挤来挤去充实得多。和朋友家人一起参与慈善，让你们为了一个共同的理想更亲密地聚在一起。这样的场合会更丰厚，也更有意义，而且你也不用回赠、转送和清理礼物。

家传物品

要说清理的话，传家宝可是"烫山芋"。在许多时候，我们绝不会选择接受它们，更不用说，我们会承诺在余生时间照顾它们。但是，突然我们就发现，自己正在打扫喜姆娃娃[1]的灰尘，正考虑那幅玩扑克的小狗的油画该挂在何处，或者正试图把那套维多利亚风格的靠背沙发融入现代风格的屋子。我们常常不是因为这些物品有用或美丽而留下它们。保留下来，是因为某种内疚感，某种情感，以及保留家庭遗产的责任感。家传之物进入我们生活的典型原因，是我们所爱之人去世了——只是这一个理由就能击溃我们抛弃的念头。

我们觉得，这些物品是那个特别的人留给我们的所有了，舍弃这些东西，就失去了我们和他（她）之间最后的关联。这个过程艰难且伤感，所以在实施前留出足够的伤痛时间。如果可能的话，把它们装进箱子或存放起来，直到你准备好做出某些决定；一旦在你屋子里落脚，想"释放"它们就更难了。

记住，最重要的是，物品不是人。这些东西就是其本身——就像你拥有的其他物品一样。你感受到你和那个餐盘融合在一起了吗，或者那个茶几象征你的存在？当然不！同样的道理，你所爱之人不是你放在壁炉架上的那件物品，也不应等同于此。你真的认为你的奶奶希望你每周给"她"除尘？（或者更糟糕，把"她"藏在不透

译者注：德国著名的瓷制工艺品。

气的阁楼上?)不要收藏纪念品,而是和亲友们一起分享逝者的故事和照片。这样的纪念比保存他们留下的任何东西都珍贵。

我们的责任不是非得保留继承物,而是给它们找到更好的使用之处。我们只是受托在一个新家管理它们——但是这不意味着这些东西必须是我们的。实际上,另外某个亲戚可能更喜欢拥有这个家族纪念物。不要让继承人的口角之争迫使你保留不想要的东西——换句话说,你要这个银碗的原因是,不让你的堂兄得到它,这样的事儿千万不要发生。大方一些,把这些东西分给其他人,让他们妥善保管好即可。

如果你继承的物品珍贵或者有重大的历史意义,那就借给(或捐赠给)地方博物馆或历史协会。这些机构非常愿意有机会展示你祖父在"一战"时的军服,或者你叔叔收藏的地区风景画。分享亲人的遗产,并把这类珍贵遗物的照料和责任转给更有能力之人,这是非常美妙的事。即使那些物品不是非常珍贵,也可以试着转交给更赏识它们的地方。比如,爷爷留下来的闹钟或旧唱片机,可以送给附近的退休者之家。阿姨留下的玩具娃娃们,送给喜欢的小姑娘,或者把阿姨留下的一箱箱书籍,捐赠给当地图书馆。与其让它们在你的阁楼上蒙尘,不如想办法让它们给其他人带去快乐。

也有另外的办法。卖掉它们,好好利用所得的款项。对约翰叔叔来说,如果卖掉他留下来的运动纪念物,所得的钱用来支付他宝贝侄子的棒球营费用，他会更开心；简阿姨也会高兴，你用售卖其水晶大酒杯的钱购置了新的厨柜。他们的目的，不是用这些陈旧物品来增加你的负担，而是做一些对你特别之事——所以，如果你能把他们的慷慨大方转换成你真心赏识的东西，那是最好的。售卖这类物品的所得，也可以有另外的用处：捐给他们喜欢的事业或慈善机构。我想不出有比这更好的纪念办法了。

如果某件传家宝有经济上的价值，那就当做宝物收藏它，作为礼物送掉、捐赠，或卖掉它；但不要因为它可能值钱而留下。我们可能会幻想，我们继承的那些邮票或油画将来会成为我们的退休基金；但大多数的情况却是，这不过是储存或不愿意处理它们的方便的借口。给你的杂货找个百万美元的借口，不如找出它们究竟价值几何。在网上商城或拍卖行找相似的物品，来判断其市场价。在这个过程中，你会知道你拥有的这件物品是平常之物呢，还是罕见珍品。假如是后者，那就获取专业的评估，或者联系如佳士得或苏富比拍卖行那样的机构进行评估。要是你发现奶奶的宝贝银器只能卖极低的价格，也不要绝望：现在你再也不用每次搬家都得拖拽上它，想着将来某一天，它可以用来支付孩子的大学费用。如果你留下它，也是因为其本身的原因，而不是指望将来能发一笔横财。

不管价值如何，仅仅是情感本身就让许多东西难以割舍。不过，不要因为你继承了一大批陶器，你就必须保留它们全部。挑选其中一件（或两件）特别的，骄傲地展示吧。如果是大件物品，那就留下其中的一部分：旧棉被的话，剪下几块，或者"抢救"古董梳妆台的把手。你仍然有东西提醒你记得其主人——只不过，这些东西要小点，更容易管控和存储。也可能对其进行数字化处理，保留某些情感意义的继承品。扫描旧明信片、信件、文件、印刷物，以及给大件物品做数字化的影像处理。阿姨那架脚踏缝纫机的照片，和实物一样能唤起你相同的记忆——前者还不占空间。

最后，可能你正打算把某些物品传承给孩子们。下面这句话可能听起来刺耳，但也得记在心里：很有可能，孩子们不想要这些东西。他们对你的民间艺术品毫无概念，你那个艺术派的餐边柜也不符合他们的装饰风格。如果你有想流传下去的珍贵物品，那就想想他们的兴趣；也许和将来处理相比，他们更乐意现在卖掉。整理你部分遗产计划——趁你健在时处理掉一些物品，不要把乱七八糟的东西留给下一代。

情感寄托物

遗憾的是，继承而来的物品不是我们需要担心的唯一情感物品。随着生活的继续，我们会积累属于自己的情感物品。某些事件，某些里程碑，以及某些人生大事和庆祝仪式，和它们一起走进我们生活的，还有其"附属品"——这些纪念性质的物品很难割舍！

这类物品的积累，自出生起——在我们对这事有发言权之前很久，就开始了。你的父母可能保留了你第一次使用的勺子和婴儿杯，也可能会收藏你的第一双鞋。他们收藏你的成绩单、游泳奖杯，以及美术课上的画画。他们会保留你少年棒球联合会的队服，或女童子军徽章。等我们年纪稍长些，我们会接过火炬（拿起接力棒）：保存高中年鉴和毕业礼服、兄弟会（或女生联谊会）的纪念品、剧院票根、旅行票据、明信片、贺年卡、信件，等等。然后我们结婚，生子，开始攒下孩子们的东西……（我的天！）

> 这些东西是暂时的——
> 可能会被打破，会被磨损，会被带走——但记忆会永远留存。

这些东西附带的记忆和情感，使之难以处理。储存它们，就像是收藏我们自己。但我们知道，这不是真的！丢掉那件旧足球衫，不会减少你的足球运动能力，抛弃婚礼用品并不意味着"取消"了你的那场婚礼，清理掉孩子们的童年时代纪念品也不会让你成为不合格父母。我们生活中的事件和经历都不会体现在这些物品中。这些东西是暂时的——可能会被打破，会被磨损，会被带走——但记忆会永远留存。

基于这个想法，我们来考虑可能会妨碍整理工作的一些物品，它们自然是带有某些情感意义的。

结婚用品

婚礼可能是你一生中最重要，也是最有纪念意义的事件之一了。但是，似乎看起来和你结婚的，不是你的配偶，而是一堆物品呢。你可能想要做一个终身的承诺，保留婚礼上所有的东西：礼服、婚纱拖尾、头巾、面纱、鞋子、吊袜带、婚礼用品、邀请函、鲜花、丝带、蛋糕装饰、餐具、摆在餐桌中心的装饰物、宾客留言簿、相册、相框、卡片、蜡烛、装饰品，以及其他那一天进入你生活的纪念品。但是，请记住，你是许诺"永远保有"你的配偶，而不是那一箱箱婚礼上留下的东西。

对这类东西得限制。选出一部分来保存，或者是把保留的东西减少到一个容器能装下即可。我保证，你绝不会因为这些玩意儿而失眠，你的婚姻也绝不会因此而遭受一丁点儿损害。另一个方面，婚纱是极好的东西，结婚礼服娇气，面积大，存储较为不易，但是我们很难想象我们会抛弃它们。不过想想，为什么要保留你永远不会再穿的衣服呢？现场的照片或影像更能完整记录婚礼；当你分享婚礼的回忆时，更可能拿出照片而不是婚纱吧？

你是想把婚纱留给女儿吗？这个主意很可爱，但可能她不会穿的。（你穿过你妈妈的婚纱吗？）挑婚纱是新娘仪式的一部分；从阁楼上挑出 30 年历史的婚纱，这种可能性太小。而且，对这种娇贵的服装来说，家里的储存条件可能比较严峻。在其状态尚可的情况下，赶紧卖掉、捐赠，或把它"最小化"——改成晚宴穿的礼裙，或者用其织物改做一个包，或戒枕，作为"某件旧东西"现身于你女儿的婚礼。

孩子们的东西

你可能像遵守某个承诺那样清理房间的杂物，直到你遇到儿子在幼儿园的画——你的心开始融化，你的决心开始蒸发。保留孩子们创造的每件东西，是为人父母者的本能——但是对孩子们来说，一个宽敞的环境比成堆的旧手工和学校作业更实用。道理如此，但是——你怎么可能处理掉显示孩子们天才的证据呢？"抢救"也是有限制的！不是把每件东西都留下来，挑选那些最为特别，也最独特的物品保留。如果你的孩子们已经离家而去，那就是你自己做决定了——但要是他（她）还在家里，那就让他（她）帮助你。这样做的话，你可以知道什么是他们最珍视的东西。每个学年结束后，帮助孩子们挑选他们最喜欢的作品和绘画等，放进他的收藏箱。如果你愿意，那些没被收藏的，你可以做数字化处理留给后代，并把原件送给祖父母和亲戚们。

如果你想减小你的"空巢"（孩子们长大离家后），就把那些东西送给已是成人的孩子们。他们要是收下的话，就太棒了！他们可以自己决定留下什么。如果他们拒绝收下，那就回到现实：如果这些东西对孩子们都不重要，你也用不着保留它们。作为父母，其成功的证据是如今已经成人的孩子们，而不是他们三年级的数学作业。不要沉湎于过去，而是参与到他们现在的生活——庆祝孩子们现在的成就，而不是昔日的成绩。

手工作品

爱好是我们创造力最精彩的出口；但是，有的时候，家里充斥着我们的"艺术"作品，到处都是。当我们学习一门手艺的时候，我们发现，勤能补拙——当我们掌握某种技艺后，其结果是形形色色的图纸、绘画、围巾、袜子、碗、彩色玻璃、折纸、卡片、蜡烛、珠宝，以及更多的东西。问题是，我们不能扔掉这些东西，因为是我们制作了它们。但是，现实点：我们大部分努力的作品未必是杰作，也不要求保留它们。只留下你喜爱的就行。至于剩下的，分给别人吧，或者是重新回收其材料，做新的项目用。

另一方面，你也是他人"艺术"的接收者——比如，你姐姐织的袜子，你朋友在陶艺课上做的碗。大大方方地收下，在赠送人在场的情况下使用几次（如果他们离得远，就拍照吧）。要是这些东西不对你的口味，就不要强迫自己留下来——不如给它们自由，到广阔的世界去，这比把它们塞进你的壁橱里好得多。不要有负疚感；赠送给你的人可能也是在清理"她"的杂物。接受这类礼物后，表达你的谢意但不要过分热情——也许你将来会收到更多！

纪念品

到有名的地方或遗迹去参观，一定会看到其附近无所不在的纪念品商店。而且极有可能里面挤满了游客。出于某种原因，我们觉得，要是不带点小的复制品回家的话，就没有真正到过那里。那些复制品可能是印有其形象的杯子、T恤衫或大手提袋。

旅行时，抓住某些参观的证据看起来是很自然的事情；直到回家打开拉什莫尔山小画像时，我们才开始质疑自己的决定。太晚了！这件东西是我们旅行的象征，我们得永远收藏它。

当然，这不是真的——我们的旅行体验和这些俗气的小玩意儿没任何关系。扔掉夏威夷花环或埃菲尔铁塔镇纸，不会抹去你的蜜月旅行，或者在巴黎度过的周末假期。你的记忆比这类大批量制作的小玩意珍贵得多，所以，不要犹豫，赶紧处理掉这些乱七八糟的旅行纪念品吧。以后得遏制冲动，不要用这类物品来纪念旅行；不要觉得去德国必须得买啤酒杯，去日本得买和服，去俄罗斯得买套娃，或去其他地方得买一些纪念性的钥匙串。如果非得带点东西回家，那就买小点的吧：明信片或外国硬币等，也可以给你的旅行提供充分的"证据"。

数码照片甚至更好：他们一点也不占家里的空间，并且能提供关于此次旅行的精彩记录。这也就是说，不要让寻获纪念品或拍照分散注意力，不要影响对旅行目的地的充分体验。你的记忆是最好的纪念品！

第四部分
生活方式

整理好我们的物品之后,我们的极简主义生活继续向前。我们向家人介绍越少越快乐的道理,邀请他们加入整理的队伍。然后,我们会讨论简单的生活方式如何让地球、地球上的居民和我们的后代受益——这会让我们更有动力来减少消费,更轻松地生活在地球上。

PART FOUR: LIFESTYLE | 第四部分 生活方式

29
整洁的家庭

你已经有了一个极简主义的心态，掌握了精简法则，并成功地清理出整洁的家。但是当你沉浸于自己的丰收或荣耀时，你的目光却落在了小宝宝的玩具、大孩子的鞋子，以及伴侣的那堆文书材料上。噢喔……好吧，你如此辛苦地整理好自己的东西，可是其他人的东西，怎么办呢？

别担心——你完全可以和家人（甚至更大的家庭）一起过极简主义的生活。

是的，人越多，杂物越多。更麻烦的是，年纪越大的家人，你对其控制力越弱。假如你扔掉宝宝的婴儿袜，他不会和你计较，但是，要是你把家里学龄前儿童的毛绒玩具，或伴侣的旧电子产品从屋子里清理掉的话，则需要更多的技巧。

不过，别泄气，振作点——成为一个井然有序的家庭是可以做到的，而且值得为此努力。在这一章里，我会给你具体的行动指南，不管你是两人之家，或十口之家。这些简单的步骤会给你提供一个框架，来处理多成员的家庭杂物——本质上，这就是一个推动精简法则，且对家庭友善的力量。

一旦我们动手认真做，就要深入每个家庭成员的具体细节：婴儿、幼儿、学龄前儿童、大一点的儿童、十几岁的青少年，以及你的配偶或伴侣（剧透：这个排列顺序是从易到难的）。每个家庭都不一样，所以请随意阅读只适用于你家的——或仔细阅读全部，为未来做准备。

读完这一章后，你会发现（也许会松了一口气），极简主义和家庭并不是相互排斥的。实际上，极简主义不仅对家庭有好处，而且让家庭关系更紧密，更强大。当我们清除家里多余的杂物后，我们的空间，时间和精力都可以贡献给所爱之人。现在，这就是我们为此奋斗之事！

所以，开始制定行动计划吧。我们要树立一个榜样，制定一份议程，设立界限，建立工作流程，并建立一个"淘汰箱"。这些计划是以家庭为基准来实施的精简法则。听起来不是这么难，对吧？

树立一个榜样

一旦你知道了极简主义的快乐，你会很难抑制你的激动。说实话，你想想，谁不想把80%的不用的东西都扔掉啊？但是，你成功的最大机会，在于先做后说。向家人布道，祈求，唠唠叨叨，可能适得其反——会让他们更下定决心守着他们的东西不放。

与其打嘴仗，不如以身作则。让你营造的宁静空间成为全家人极简生活的导引。极简主义生活方式，可能不会立竿见影，但是随着时间的推移，配偶会注意到你已不那么烦躁，也不再发生找不到钥匙这样的事情；你家的少年娃发现你不再大包小包从购物中心往家里拖了；你的小宝宝也留意到你打扫的时间少了，玩乐的时间多了。那么，这时候你就可以温和地，开始慢慢推动家人向你的极简生活方向前行。

> 让你营造的宁静空间成为全家人极简生活的导引。

不仅如此，你在整理自己东西方面的经验，还可以帮助家人。只有自己在某件事上体验过痛苦，才会理解家人将要面对的事情，只有自己（多次）实践过的精简法则，才能有效地给家人提供需要的工具。

此外，把你自己的东西整理干净，会让他们的杂物成为焦点。当家里的饭桌上堆满报纸、手工材料、杂志、玩具，没人知道这都是谁和谁的东西。如果你的东西和他们的混在一起，他们可能都不知道那堆杂物里有自己的东西。但是一旦你的东西抽身而走，他们的就无可遁形了。东西暴露出来后，你就可以想尽办法处理掉。

清理好你自己的杂物后，你无法接受的是，自己竟然不能控制大局，不能清理家人的东西。不过，请忍住，切勿趁家人外出时自己拖个大垃圾袋子乱跑；如果你想让你家保持整洁，必须得让家人一起参与整个清理的过程。

尤其是孩子们，通过观察和模仿父母的行为，他们可以学会很多。向他们展示，你的生活和快乐并非围绕物质而转，他们的生活和快乐，同样也不是。不要沉溺于购物，不要让周末消耗在商场里，无论如何，你的橱柜和抽屉里不能塞满过多的物品。偏重过程体验，而非事情本身；注重家庭时间、自然和社区，而非消费。作为极简主义者，我最自豪的一刻是，我三岁的孩子声称："我们不需要太多的玩具，我们只需要太阳。"

最重要的，是耐心。对你的家人而言，也许他们不如你那样，很快就见到极简生活之光。这时，你就不得不成为那束光——散发出简单生活的快乐，并照亮前行之路。

制定议程

最激动人心的部分，到了！运气好的话，你快乐的杂物整理会引来关注。无论它是否引发一个评论，某些好奇，甚至是一点羡慕，是时候让家人参与其中了。你如何着手，完全取决于他们表现出来的兴趣和热情的程度。

对许多人来说，从小事开始，并慢慢做，是值得的。当你展示卸下担子减轻压力后的种种好处时，你的伴侣和孩子们慢慢会对这个想法产生兴趣。通过参与一些小的清理项目，让他们开始涉足其中——比如，清理大厅里的橱柜或厨房的杂物抽屉。最初让他们参与整理的，是那些容易的，家庭共用的，以及他们本人不太依恋的物品，这可让他们培养继续清理杂物的能力。

也有人发现，以更有效地整理大件杂物作为开始，这样的话，可以点燃全家人的整理行动之火。全家一起清理车库或地下室，可以建立团结共事的意识，带来极大的成就感，并给以后的清理工作提振信心。这可能是强大的增进家庭团结的手段——一个纪念往事，并给新的记忆腾出空间的机会。

实际上，在整理家里杂物的过程中，家人的团结、支持和想法等至关重要。在你的儿子面对儿童棒球设备犹豫不决时，他的姐姐可以提醒他，他已经长大，可以玩真正的棒球了。或者你的孩子们可以告诉爸爸，他们宁愿听他弹那把好吉他，而不是车库里那把烂吉他。

但是，不管你们是从小东西，还是大物件开始，沟通是关键。时间合适的话，开个家庭会议吧——可以是全家人在餐桌旁正式的会议，也可以是和配偶的一次亲密讨论——并形成详细的关于整理家庭杂物的议程。首先，准确地表达你希望实现的目标。"让我们整理吧"这样的话太模糊了。说出具体的重点——让他们知道：你想让餐厅空间空出来，这样可以每晚都坐在那里吃晚餐；清理地下室，在那里重新整理一个家庭房出来；或者是清理掉 90% 的东西，如此一来，就可以在帆船上生活。让家人知道所有的这些具体的想法。让家人入伙，他们就需要知道共同的目标。

接下来，解释原因。告诉他们，你更愿意周末全家一起远足而不是在家里整理车库。告诉他们，你想让他们享受更多的空间而不用磕磕碰碰总是撞上东西。让他们知道，你希望早上能快速宁静地离开家——而不是疯狂地，总在最后一刻寻找车钥匙、背包和球鞋。告诉他们，你希望多一些时间给他们，少一些时间耗在物品上。

最后，制定具体行动的大纲。你会一次整理一个橱柜吗？你会每个周末清理阁楼吗？你会发起清理活动的比赛，看哪个家庭成员整理的东西最多吗？制定出计划，给他们成功所需的工具。介绍精简法则——解释怎么重新开始，决定哪些东西该留下来，给每件东西都找到放置的地方，运用限制和模块，清理东西，以及保持整洁的日常实施等。

现在，你可能会奇怪——对每件需要处理的东西来说，有达成全家共识的可能性吗？我的答案是，没有。假如讨论中的物品不属于某个特定的人，也没有什么价值（金钱上，情感上，或者其他方面），那就随意偷偷地处理掉吧。在清理多余的特百惠或破烂的门垫时，要是你去问每个家庭成员的意见，总会有人找借口留下它。做一个可行的决定，避免冲突，并让家人专注于处理他们自己的东西。

设定界限

记得你和兄弟姐妹们共用一个房间时，会在房间中间划一条分界线来划分领地吗？好吧，那就是我们眼下要做的事儿。听起来有点儿傻气，但对于一个整洁的家庭来说，这是绝对必要的。

> 给每个家庭成员一个放他们自己东西的空间。

其中的关键，是"给每个家庭成员一个放他们自己东西的空间"。仅仅这个说法，就可以减缓他们听到"整理"这个词时受到的恐慌。向家人们强调，他们不会扔掉所有的东西——只是需要把那些东西放进他们自己的空间。实际上，这就是大规模的限制法则，这会让每个人对他们自己的物品负责。

指定的空间可能是孩子们的卧室或游戏室、客厅里某个大家一致同意的角落、伴侣的办公室、娱乐室，或者是车库的某部分（如果需要的话，可以用尺子量）。假如你住在一个小的、开放式的房子里，那你可能需要点创意，给家庭成员分派架子、橱柜，以及房间的某些区域。目标是：装好每个人的物品，并让公共区域保持空旷。

最初，这种家庭空间的清扫可能会导致个人空间的物品堆积。

那就对了！为了处理杂物，配偶或孩子们需要"看见"自己那些乱七八糟的东西。把那些杂物合并放在一起（不在房间里乱扔乱放）后，更容易被看见了。当然，你不会希望，十几岁孩子的房间看起来像电视剧《储物狂》里的某一集——但那会给你提供线索，以便你插手，帮助他决定哪些东西该留下来。实际上，为了在事已定局之前处理掉，在合并东西的过程中就做一些关于扔掉、保留或转让的决定。你的女儿可能愿意把小时候用的玩具小屋一直放在客厅里，但要是把它挪进自己的房间，她可能更愿意处理掉。同样的道理，你的配偶留存一年的杂志只是因为把它们堆在餐桌上很方便而已。给家人机会，让他们丢弃不想要的东西。

更重要的是，确保让每个人都明白家庭空间是灵活的多功能空间。换句话说，他们可以在客厅里玩玩具、看书、做手工——但是一旦活动结束，他们就必须把相关东西拿走（理想的情况是，每晚清理干净）。偶尔也可以有例外，比如，可以把未完成的某个科技项目的东西放在餐桌上，直到下一周完工。只需设定一个截止日期，这样的话，那些东西不会一直放于此，直到孩子上大学。记住，设定界限的目的，不是限制家庭活动——而是为了给家人创造更多的空间！

PART FOUR: LIFESTYLE | 第四部分 生活方式

建立工作流程

所以，如果你成功地进行过一轮家庭整理（还没有的话，什么时候？），那就花点时间庆祝吧。告诉你的伴侣和孩子们，他们干了一件多么出色的事儿，停下来赞美一下新的空间（哪怕仅仅是衣橱里的一些空间）。这是个胜利！如果整理家庭杂物令人感到有趣，积极（而不是乏味的家务），你的家人们会愿意做更多的整理。

眼下，先把庆祝的那杯香槟酒放下片刻，因为你的工作还未结束。不管你是否完成了大的清理还是小的整理，你都需要建立新的工作流程，防止杂物卷土重来。请吧，求你了，千万别跳过这一步！系统是趋向于熵的，如果没有外部能量输入，系统会越来越混乱，也就是熵越来越大。[1]你的家也不例外：明天，女儿会从生日宴会上带回一个礼品袋，配偶会拿回减价商品，儿子会把他的摇滚乐精选集扔在咖啡桌上。不要让这类日常"袭击"延缓你的整理进程。

无论多么努力，你也不能独自一人来处理家庭杂物——关于家庭清理的工作议程，必须涉及全体家庭成员。首先要贯彻落实的，是晚上的清扫。在晚餐后和就寝前，选一段时间，让每人在此期间彻底检查房间，收好各自的私人物品，并放回其所在的地方。不管只是你和伴侣清理厨房台面，还是全家六口人整理所有房间，都要

译者注：熵指宇宙中能量与物质的退降。按照热力学第二定律，当一种形式的"有序化"转化为另一种形式的"有序化"，必然伴随产生某种"无序化"，"熵"则是"无序化"的度量。

从头至尾，大家齐心协力共同清理。是的，刚开始，你会觉得自己像个督导一样，监督大家，但随着时间的流逝，会越来越容易。而且，要是每天整理的话（不要哼哼唧唧抱怨了），充其量每天也就花十分钟就够了。

每晚扫地绝对是让杂物走投无路的有效办法；区区 24 个小时的时间，足以堆积太多的杂物了。最好是，每天打扫的麻烦事可以让家人有所觉悟，明白东西"太多"的麻烦。东西越多，每晚耗费的时间和精力就越多，而东西越少，我们拥有的时间和快乐就越多。这会迫使家庭成员每天都直面他们的杂物，而且可能会让他们泄气，不再带更多的东西回家。

日程中的第二条是：东西用完就立即放回原处。孩子们可以，并应该尽早明白这一点。你要是担心这不太可能的话，那就哪天观察一下蒙特梭利教室吧：你会看到，两岁的孩子们一用完东西，就会仔细地把它们放回指定的地方（一旦我意识到孩子在学校能做到——不好意思，我大惊小怪了！——就可以期望他在家里也能这么做）。

最后，贯彻"一物进、一物出"的原则，永远都不嫌太早，有了新玩具，就得放弃一件旧玩具，让小家伙们习惯这样的规则。这个法子，在对付生日或节日引发的"礼物海啸"时，特别有效。出于同样的理由，鼓励家里的十几岁的孩子，在买新牛仔裤或新运动鞋时，得处理掉旧的才行；如果和旧物告别是甜蜜的痛苦，那么他实际上可能会抑制购买的冲动，除非自己真正需要。

遗憾的是，家庭整理不是一劳永逸之事——特别是当我们有了家庭之后。但是，如果你帮助家人建立新的工作日程来管理他们的东西，那么你家就会有更好的机会来保持整洁。

建立一个"淘汰箱"

有时你的家就像是一个巨大的收纳箱，玩具、服装、纸张、买来的东西、礼物、小玩意等越来越多的东西源源而进。不幸的是，"出"门的路并不清晰。为了方便物品走出去，你需要建立一个"淘汰箱"。东西进门容易，所以我们需要让东西出门也变得容易。

我们先假设这样的情况：你的以身作则和榜样已经鼓舞家人进行家庭清理，你们已经就议程达成了一致，设立了界限，并把新的工作日程付诸实施。简直太棒了——直到你十几岁的儿子拎着要扔的运动袜，在走廊里徘徊，不知道该放到何处，最后不得不扔到自己房间的某个角落——以后再找地方放吧。这意味着，把东西清理出门的势头就此终止，第二件东西甚至都可能出不了他房间的门。

如何避免这种整理的失败，避免让你所有辛勤工作付之一炬的可能发生？让家人丢弃东西变得容易。不是让他们把东西留给庭院拍卖，而是让他们把东西扔进专门的"淘汰箱"。不，我的意思，不是建议你利用家人的懒惰来实现你的极简主义目标,而是说,有的时候需要减少整理道路上的阻力。

所以,让我们多谈谈这个"淘汰箱"。我们希望它很大(这样可以装任何东西),醒目(如此家人不可能忽视它),并方便取用。当然,箱子的尺寸取决于家庭大小以及待处理物品的多少。即使犯错误,也宁可慷慨一点,这样的话,就不会在扔旧毯子或破喇叭时,因为只能用一个小箱子而沮丧了。醒目,是指让这个箱子显而易见。在普普通通的纸板箱上,盖一层亮色的墙纸,就可以实现这个目标了。幸福快乐的色彩,也可以给这个过程增加积极的联想。

最后是位置,位置,位置——这是"淘汰箱"能否成功的最主要因素。要是你把箱子放在地下室后面的角落或放在车库里,你的家人可能会觉得,不值得长途跋涉去丢东西。相反,要是箱子放在每个人都方便看到的中心位置——比如,前厅、衣柜,甚至是洗衣间。最好是距离你认为(希望)东西最多的地方几步之遥——比如,孩子的卧室或配偶办公室附近的走廊壁橱。

作为家庭整理的领头羊,你不得不承担监管任务(但是这只是为了让更多的东西搬出家门的小小付出而已)。把它当做是单流回收[1]:让家人更容易把东西扔进去,但最后需要你来对里面的东西进行

译者注:"单流回收"来自环保领域的概念,和分类回收不同,它是把纸张、瓶子、塑料等回收物品放在同一回收垃圾桶。

分类挑选。

为什么？因为十二岁的儿子可能扔掉了正装，十几岁的女儿抛弃了她的小提琴，而某个淘气的孩子把他妹妹喜欢的泰迪熊也扔进了箱子（我们先假定你的配偶没有加入这场"抛物"狂欢！）。你要确保，所有被扔进"淘汰箱"的东西都是有意为之，并且对有价值的物品处理得当（比如，出售或者捐献）。每周、每月或每个季度彻底检查一遍箱子，多久一次取决于东西堆积的速度——但重要的是，确保箱子里一直有地方放东西！

既然我们对全体家庭成员都已有了一个总体规划，那接下来就得有针对具体的某个人的更具体的计划。这部分将对每个家庭成员，从家里的小朋友到配偶，都提供详细的整理办法。

小宝宝

告诉你的宝宝你的整理计划，她会发出咕咕咕的声音，她会笑，并认为这是她听到的最好的主意了！

她并不是想来打动你——她真的是配合你的极简主义日程的。她才不关心婴儿家具、主题装饰、电动秋千、时髦的床上用品、可爱型浴巾、湿纸巾加热器、需要特别注意的装备、音乐手机，或者其他登记表上必须要的物品。她所有的要求，只是你爱的怀抱，微笑的面孔，以及一心一意。

对大部分人来说，婴儿用品更多的是为了满足我们这些新父母（或准父母）们的需要，而非孩子本身。这些商品承诺其会让我们（突如其来的颠倒混乱）养娃生活更容易，更方便，更时髦。当你紧张不安或毫无头绪，且一晚上只有三个小时睡眠的时候，你的钱花得再快也不够（是的，我这里所说的都是经验之谈）。

我的最佳建议是：在喜悦的时刻到来之前，唯一需要的，只是孩子出生前的基本用品。等到孩子出生后，你才知道什么是你真正需要的东西。我保证，在你需要的那天，所有的婴儿用品商店都不会关门，而且网上商店仍然提供两天到货的服务。所以，请放松，你得知道，在需要的时候，你会得到你需要的东西。要礼物卡而不是要礼品；从长远来看，前者更有用。

要是新生儿的用品已经足够用到他上幼儿园了，那么现在就重新开始。不要让孩子睡在一间储存室里了。把这些东西统统挪出去，只拿回现在常用之物。这样你和孩子都能享受一个舒缓、宁静和宽敞的育儿空间了。

> 在喜悦的时刻到来之前，唯一需要的，
> 只是孩子出生前的基本用品。

所以，养育一个一岁前的孩子，你到底需要些什么？孩子会给你答案。(比如，就我的孩子而言，她让我知道，她讨厌被襁褓包着——在我准备了六条抱她用的婴儿毯之后，才明白。)

我知道，这不是你想要的答案(要是有个清单，就让人更心安了)——但是每个孩子都是不同的。我也是事后才知道，我需要汽车婴儿专用椅、婴儿床、婴儿车和衣服就可以了，但我准备的东西更多(所以，你也会多准备的)。不要焦虑你是否会犯错；我曾经一时感情用事，疯狂和不明智地迷恋女儿并不喜欢的秋千。就把它当做是一次学习的经历吧，捐赠出去或卖掉，并继续前行。记住，对孩子来说，空间比任何东西都重要。要是你还没有过育儿经历，孩子的婴儿时期是减少你自己东西的最理想阶段。孩子开始学会爬的时候，走出第一步的时候，或者在房间里骑儿童电动车的时候，你会意识到，一个整洁有序不凌乱的环境对孩子安全最重要。对孩子来说，磕磕碰碰的家具越少，绊倒他们的东西越少，撞到他们的小玩意越少，他们受到的伤害就越少，你就会越心安。

幼儿与学龄前儿童

孩子进入幼儿时期，事情会变得麻烦些。你可以假设把整理全权委托书交付给孩子，她就会养成一种控制和拥有的能力(幼儿最喜欢的词语是"不""我的"。)

我也是艰难地明白了这一点。我曾经很欢快地清理掉女儿数月不玩的东西，想当然地认为，她不会介意也不会注意。但对一个两岁左右的孩子来说，她已经养成了对东西不在了的第六感（即便在一年时间里她都没有碰过那东西）。

"记得我的**叠叠圈**吗？我要我的**叠叠圈**。"当我把她的**叠叠圈**打包送往 GoodWill 的时候，她如此要求。下午我把她已经不合适阅读的婴幼儿纸板书寄给她的小表妹时，她开始询问，"《宝宝学画画》那本书在哪里？我想读《宝宝学画画》。"三天后，当她对这本书的索要演变成一场全面的灾难后，我只好偷偷摸摸跑到书店，重新买回一本（这绝非是让我自豪的时刻）。

这不是最简约的建议，但对于幼儿物品整理来说，我推荐"保存区"——换句话说，在把东西处理掉之前，最好在这个保存区里放几个月。这样的话，当小家伙注意到东西不见了，并在一分钟内决定自己是否能忍受那件东西不在的生活时（相关的线索是，流泪、尖叫，以及在地上打滚），你就能够拿回上述物品，而不会出现再次购买回来的丢脸行为。

有时，二到五岁年龄段的孩子对"所有权"已经有了充分的理解，他们明白不是所有东西都是"我的"——有的东西是和其他孩子共享的（暂时或永久地）。假如知道玩具的具体去处——不管是送给德克萨斯州的小表妹，还是送给某个没有什么玩具的小女孩——即使把玩具拿走，也行。实际上，对这个年龄的孩子而言，把自己的玩具转让给小弟弟小妹妹们，他们会非常渴望，也很自豪；好好利用这种热情，培养他们对整理的热爱！另一个方面，要是小家伙很难对这些东西撒手，那就不要让他掌控每件东西；静悄悄地整理小东西，充分使用你的"保存区"。

就传授"万物各居其位，各得其所"这个规则来说，幼儿和学龄前儿童是最理想的时期。对你来说，几乎不用费什么劲：不是把所有的玩具都倒进一个玩具箱，而是把它们放在容易拿到（也便于放回）的架子上。如果需要的话，贴上玩具所在地点的小图片——并且，每次孩子玩完一件玩具后，帮助他们放回原处，然后再取另一件玩具。

利用模块（比如箱子或篮子等）来分类放置玩具（如积木和乐高玩具）。同样，贴上里面所装物品的照片。这个办法不仅帮助孩子整理玩具，而且还培养了他们分类、挑拣等技能。

所以，你就放手做吧——在孩子早期阶段，给他们介绍精简法则甚至可以让他们更聪明！

大龄儿童（6-12岁）

对大龄儿童来说，整理呈现出一个全新的维度——他们现在能够完全参与整个过程，甚至能独立进行某些整理工作（尽管我们仍然要负责"淘汰箱"的清理）。有趣的事情开始了！

当学龄前儿童刚刚开始掌握扔掉、保留、转让的这个流程时，大龄孩子已经可以将之付诸实施了。这个年龄的孩子喜欢做决定。他们能清晰地辨认出哪些是该扔的，哪些是想保留的，哪些是自己不需要但有人需要的。尤其是最后这一点，能培养孩子们的同情心和做慈善的习惯，他们常常令人感动地迫不及待地把自己不需要的东西给其他不太幸运的孩子。除此以外，大龄儿童能够明确地表达、说清楚留下某物的理由：我喜欢抱着它，这让我开心，我奶奶给我的，它还会发出很棒的警报声（我没说这是个好理由哈！）。他们也能说出不要这些东西的理由：它坏啦，它不适合我啦，我已经长大啦。在整理的过程中讨论这些，在和自己物品的对话中，孩子们可能会从中感到快乐。

他们也更有能力把东西放在该在的地方。尽管幼儿需要相应的帮助，但对学龄儿童来说，他们能够放好自己的东西了。更好的是——在寻求独立自主的道路上，他们常常期待这种新的责任感，并为自己出色的工作感到自豪。

大龄儿童可以自己完成模块整理工作，且喜欢把东西分类收藏。对你来说，你需要确保的是，他们有合适的容器来装，并设立限制——告诉他们，他们可以留下所有给他们指定的箱子能装下的玩具车（或者人形公仔，或画画用品）。他们可能会觉得，挑选自己喜欢之物并管理自己的东西，是有趣的事儿。他们的年龄足以明白"一

PART FOUR: LIFESTYLE | 第四部分 生活方式

物进一物出"的原则——放一件新玩具进箱子里，就必须从里面拿出一件旧玩具。

这个年龄段的孩子，可以全面开展每日维护的任务。帮助孩子们养成每天晚上整理自己房间的习惯；这会避免房间乱七八糟，东西失控，并避免在工作超负荷的情况下出现不可避免的争论。

青少年（13至19岁）

那么，好消息是——青少年完全可以独立贯彻执行精简法则。一旦你介绍了相关办法，你就可以从整理的具体细节中退出了。对这个年龄的孩子来说，你主要的任务是指导和推动他们。

但这是个挑战——究竟要怎么做，才能推动青少年整理他们自己的东西？实际上，青少年并不愿意取悦自己的父母。所以，成功的秘诀也在于此：他们得相信自己所做的一切，不是为了父母，而是为自己。

那么，我的建议是，第一次的精简工作就搞个大的：重新开始。鼓励孩子们把他们自己空间里的东西全都搬出来，然后按照自己的喜好和基本需求挑选部分东西放回去。如何点燃他们的热情？我们称之为房间装扮吧。

让青少年参与其中的最好法子是，投合他们对成人初显期[1]的感

译者注：成人初显期是心理学的概念，指青少年晚期到二十几岁这一时期，重点是18-25岁。

> 让青少年参与其中的最好法子是,
> 投合他们对成人初显期的感觉。

觉。此时距离他们离家独立,也就几年时间,他们可能已经幻想自己未来的生活。我们所希望的,是这个让他们创造自己的成人空间的机会,会激励他们抛弃孩童时期的杂物(与其等到上大学离家那一天,不如现在就开始!)。

你只是记住,把多愁善感撇到一边,别妨碍他们。要是他扔掉收藏的棒球卡、小学的年刊,或是外婆送的礼物等,那就听他安排,别插手。假如她不要那个带顶篷的床和与之相配的梳妆台,那也由她。要是她想处理掉收集的洋娃娃,虽然那是你费了许多心思,也花了好多钱,才攒下来的,还是随她处理。

空间装扮的重点不是给孩子一个装修预算——绝对不是!实际上,这是一个不花什么钱,甚至没有任何开销的计划。我唯一鼓励的放纵,是新的涂料颜色,因为这能表现出空间改造的戏剧性效果。这种锻炼不是要买新东西,而是用他们自己喜欢的物品来重新设计空间。为了实现这个目标,你得帮助他们运用精简法则,决定留下什么东西,放在何处,以及如何保持新空间整洁有序。

当你允许家里的青少年可以按照他们自己的意愿决定东西去留

的时候，你可能会对他们表现出来的极简主义感到吃惊。他们生活的这个世界，一直被各种市场营销、广告等信息轰炸，还面临着同龄人的压力，他们习惯于更多东西，可能完全没意识到极简生活也是可以接受的。这些年，我收到了许许多多青少年写来的邮件，他们感谢我，在博客里给他们提供的信息和支持。有的孩子第一次发现了极简主义的生活方式，感到非常激动；有的孩子则长出一口气，觉得终于发现一种不被工作束缚的成年人生活方式；而有的孩子，则渴望在凌乱的家庭环境中打造自己的空间绿洲。不要只是因为孩子乱糟糟的房间和习惯购物，就断定她永远不可能成为极简主义者。也许以前的生活方式是她唯一知道的方式。告诉她一种简单的生活方式，实际上，对现状的挑战会非常吸引她反叛的一面。即使他不愿意在你的庇护下接受它，你也已经送给了她极好的礼物。当她以后进入社会谋生时，她会带着她强大的越少越快乐的榜样。

情侣或配偶

最后，让我们来谈谈如何让你的情侣或配偶加入家庭整理大军。如果你刚好和伴侣搬在一起居住（或正在计划中），那么现在是重新开始的最佳时机。千万别让你们家里出现这样的情况，即每样东西都有两件——在搬进去之前，迅速处理掉多出来的那件东西。假如你俩很难决定谁的烤面包机、真空吸尘器或沙发"更好"——那么作为极简主义者，你就多做些让步吧。在同居之前清理好这些东西，有助于你们更顺利地过渡。

要是你们已经一起生活一段时间了，那可能面对的挑战就要大一些：改变既有的日常惯例和生活习惯。但是别害怕——你能行！你可能很幸运，你的伴侣全心全意支持你的想法——也许他已经对房间里冗余杂物隐隐约约地感到不舒服，或者甚至暗示过你要整理。假如事实果真如此，那你就知足吧，你们一起开心地整理。但是，假如你的伴侣最初对你的想法不高兴，也不用担心——用点技巧，多些耐心，这会让许多在家里乱扔乱丢东西的人最终成为家庭整理的同盟军。不过首先得做的是：别动他们的东西！我知道，你忍不住，但没有得到其同意或许可前，不要动你伴侣的东西——即使你认为他们不会注意到这事，也不行。出于对整理的热忱，你可能会认为，自己一个人辛苦整理，既方便也是好意；但是，假如想让对方对你不信任，产生防备心理，而且你失去成功的机会，那没有什么办法比这种方式更快了。所以，深呼吸，准备打一场缓慢的，稳定的，微妙的战役。

这就好比是种一株花——你需要播种，施肥，让它沐浴在阳光下——但最终，它会自然成长，绽放。

下面，我们了解一些播下"整理"种子的办法：

- 正如我们前面所说的那样，得树立一个榜样。说真的，快乐地展示极简生活的成果，是极简主义最好的证明——比如，一个整洁有序的橱柜，一个明净的工作台面，或者是整整齐齐排着必需用品的厨房抽屉。

> 把这本书放在一个显眼的位置。对于不愿意整理的人来说，第三方的意见可能更容易接受。另一种办法是，用邮件发给他们可能会激起其兴趣的文章：比如某个家庭因为整理而摆脱了债务，或者是某位高管清理掉所有的东西，走上新的职业道路。

> 和对方随意聊聊你所做的努力。不要用"你东西太多了"这类话来开始你们的谈话：这会让对方立刻对你产生防备。只是简单地解释一下，你是如何试着清理你的衣橱或你储存的手工艺品，你也可以用同样的方式来谈论你的新爱好。用提供信息（而非教育指导）的方式来介绍精简法则，是非常好的办法。

种子播下后，就该施肥了，也就是补充其需要的营养。你不可能通过袖手旁观，对其大吼大叫的办法让植物生长。或者更糟糕，试图把它从地里拔出来。出于同样的理由，你不能只是让某人做某事；而是得让他们想做某事。怎么做，看下面吧：

> 发掘配偶做此事的动机。设身处地从其立场出发来想想，并推测出极简主义中最吸引他们的是什么方面。卖掉东西可以有钱去度假？可以少花点时间来维护东西，多留些时间陪孩子？为早点退休而削减开支？强调极简主义带来的好处——找出什么是他们想

要的，而非找出什么是你想要的。

🌿 学会简化。首先，你们得协商好，哪些空间放你们各自的私人物品，哪些空间需保持整洁。达成一致后，再开始处理一些琐碎的、大家共用的东西，比如浴室洗漱用品，多出来的餐具，或钢笔、回形针等办公用品。在这个过程中，容易的事情能树立信心，让事实说话。

🌿 建立同志情谊。记住，你不是指挥，你是团队工作的一员。在整个过程中，征求配偶的意见。不要宣称车库里所有东西必须挪走，而是以询问的方式问，"你觉得让这里空间多一点的最好办法是什么？"没人喜欢听命令；在过程中感受到平等的话，他们会更有热情。而且，有一个共同的目标可以提供动机和动力。

幸运的话，你添加的营养已经使其长成了小树苗。现在，你必须绝对积极地让其沐浴在阳光下！

🌿 表扬，表扬，再表扬。人们喜欢听别人说他们工作做得好，收到积极反馈的话，他们会不断重复相关行为。另一方面，如果你批评的话，那肯定会阻碍他们前进。所以，即使他们只是扔掉了几件旧T恤，也不要说，"就这些了？！"告诉他们，他们天生擅长整理，要是他们橱柜里空出一些空间的话，就太棒了。当我们相信我们擅长做某事时，我们就想为此做得更多。

🌿 积极地传播正能量，保持持续的乐观心态，即便在进展不

PART FOUR: LIFESTYLE | 第四部分 生活方式

顺利的时候也要如此。不要因为你的配偶难以放弃甲乙丙而小瞧他们。施以同情,并分享一些你突破难关的办法。避免争论,继续强调相关好处,假如情况变得有些困难,那就停下来,休息一下。

🪄 创建一个温室效应——换句话说,打造一个最合适树苗生长的环境,避免其受到伤害。要是你的伴侣想出门去商场,那你就建议你俩一起去公园散步吧。如果他们正盯着某个产品目录瞧,那就赶紧和他们说话转移注意力。要是他们正登陆上 eBay,那你也赶紧偷偷溜进去看。记住这个办法——把消费时刻变成夫妻时间,不让多余的杂物进你家。

重要的是,记住,要有耐心。杂物不是一夜堆积而成的,所以也不会快速整理干净(你整理自己东西的时候也这么快吗?)。而且,改变长期形成的习惯,使新的思维方式内在化,都需要时间。

逼迫配偶快速整理,就像是强迫植物开花:是,你可以立即获得满足感,但这是短暂不能持久的。不过,假如你提供一个合适的生长季节,以及生根发芽的机会,那么简约的种子就可以变成精彩的生活方式。

30
更大的益处

当我们成为极简主义者之后，会有美妙的事情发生：我们的努力会产生连锁反应，给世界带来积极的影响。每次我们决定不再轻率购物，而是使用我们已有之物，或者从朋友那里借用的时候，我们就像是给地球送了一件小小的礼物。空气会清新一些，水会清澈一些，森林会更茂密一些，垃圾填埋场会空旷一些。我们拥抱极简主义，也是为了省时省钱，或者是给家里节约空间，但是我们的相关行为会带来巨大的好处：这些行为让地球减少了环境危害，也让人们摆脱不公平的工作环境。所以，想清理橱柜，这事不赖吧，嗯？

成为极简消费者

广告商、公司和政客们都喜欢把我们定义为消费者。他们鼓励我们尽可能多地购物，如此他们可以成功地赚足票子、增加利润，以及再次当选。可这会置我们于何种境地呢？为了支付我们不需要的东西而辛苦工作。我们加班加点工作，只是买回一些几个月内会废弃的、过时的东西。我们努力偿还信用卡，只是为了买一些让家

PART FOUR: LIFESTYLE | 第四部分 生活方式

里散乱不堪的东西。嗯，是不是有些不对劲了……

但好消息是：极简生活可以解放我们！它让我们摆脱"工作和花钱"的循环，让我们能创造新的一种存在方式，与大商店、必备流行品、财务费用无关。我们不再为"消费"而奔波劳累，我们可以成为"极简消费者"：把我们的消费减少到只购买满足基本生活需求的物品，把我们的消费对环境和他人生活带来的影响减少到最小。

成为一个极简消费者，不是意味着你永不踏足商店。我对你不了解，但我不是那种觉得拾荒或捡垃圾很舒服的人——我当然不指望免费获得。我欣赏获得基本需求的轻松自在，也感激这个事实，也就是，和我们的祖先不同，我们再也不用把所有的时间都用来保护我们的衣食住等方面。不过，我相信，一旦满足了这些需求，消费也可以被抛诸脑后。一旦吃饱了，暖和了，安全了，我们就犯不着逛商场或在网上冲浪，找到更多购买的东西。相反，我们可以把时间和精力用在别处，用在更有成就感的追求上——比如，精神上的、公民化的、哲学性的、艺术性的，或者是文化本质方面的追求。

那么，成为一个极简消费者，我们需要做什么呢？实际上不需要做太多。我们不用去抗议，抵制，或堵住通往大卖场的门；事实上，我们甚至连手指头都不用动一下，也不用离开屋子，或多花一刻宝贵的时间。仅仅是一个"不买"的问题。不论什么时候，只要我们忽视电视广告，目不斜视地从那些容易冲动购买的商品旁快速

237

走过，到图书馆借书看，修补衣服而非买新的替换，或者是拒绝购买最新的电子产品，我们是在行使自己的小小的"消费者不服从"权利。仅仅通过"不买"，我们就能实现许多好处：我们就不会支持剥削劳动力的行为，使地球的资源能够循环再生。治愈地球并改善地球居民的生活，这是最容易，也是最有效的办法之一。

减少

我们都非常熟悉这句话，"减少，再利用，再循环"（Reduce, Reuse, Recycle）。"3R"中，再循环是超级明星，强调了环保运动和社区项目。当我们决定过"绿色"生活时，再循环通常是我们努力的焦点。但是，减少才是这三位一体中的无名英雄——因为我们一开始就少买点，那需要回收的东西也就越少！减少可以灵巧地避开整个资源消耗、劳动消耗和能量消耗的过程，而且是最少消费哲学的基石。

我们所购买的每件产品，均涉及其生命周期的三个重要步骤：生产、销售和回收。在生产阶段，需要自然资源和能源来生产物品。在某些情况下，作为生产过程中的附属品，有害的化学物质会释放出来，散发到空气中，流进水中。在产品的销售阶段，把商品从工厂运到商店，常常需要绕全球大半圈，其间需要消耗能源（通常是以石油的形式出现，卡车、轮船和飞机所用的石油）。到了回收阶段，这件物品有可能会塞满我们的垃圾填埋场，而且当它降解时，其毒素会浸透到环境中。通过回收，我们试图实行某种"损害管控"——避免回收产生的问题，重新使用其材料来制作新产品。减少却从另一方面来消除整个过程中的麻烦事。我们少买一件东西，也就减少了与其有关的任何生产，配送和回收之事。与其担心这些东西是如何生产出来，如何运到这儿，以及将来怎么处理它，还不如在最初就不要拥有它。

减少的最佳办法是只买我们真正需要的。

减少的最佳办法是只买我们真正需要的。不要漫无目的地逛商店了，我们必须好好想想自己要买的每件东西——不管是服装、家具、电子产品、装饰品，甚至食品。我们应该养成习惯，在买东西前问问"为什么"。比如：我买这件东西，是因为我真的需要它，还是因为我在广告上看到了？或朋友有，或它在陈列柜里太漂亮了？我们应该停下来，想想，要是没有这件东西，我们的生活也照样进行，没啥影响。实际上，你不妨把收银台前排起的长队当做是塞翁失马，焉知非福，因为它让你有足够的时间来衡量购物车里的东西。在我暂停下来思考可能要买的东西后，我已经多次离开了付款台。

用来减少购买行为的方法有许多，数不过来。享受挑战吧，就是用另一种方式来满足你的需求，寻找出创造性的解决方案，而不是急吼吼地跑到商店。也许很容易，就像去邻居家借一件工具一样，或者需要你足智多谋，用身边现有的材料设计出自己的滴灌系统。此外，多用多功能产品而非一次性用品。简单的醋加水的溶液，就可以消除对大量清洁剂商品的需求，多功能服饰可以根据不同的场合穿上或脱下。最后，不要购进替代品，只是因为你想要新东西——自己的旧车还能开，或羊毛外套竟然还能再多穿几年，你应该对此感到自豪。

再利用

对极简消费者而言，第二个"R"，再利用[1]也是非常重要的。我们使用某件东西的时间越久，越好——尤其是这会阻止我们去买新东西回来。资源都被花在了已购物品的生产和销售环节，所以我们更有责任，尽可能利用它。

就像"减少"一样，再利用也优于再循环。再循环需要消耗额外的能源来制成新东西，而再利用则什么都不用。我们只需简单地改变一下产品最初的形式，来适应不同的需求。关于再利用，我心中的英雄是电影《乱世佳人》的女主角郝思嘉：如果她都能把旧窗帘改成一条漂亮的裙子，那我们一定可以把酸奶杯改成种植幼苗的

译者注：这里指其英文 Reuse。

花盆，也能把旧T恤改成抹布。我们甚至都不需要那样的创造性。我们有许多机会在常规基础上对东西进行再利用：比如，我们收到的包装材料（箱子、汽泡纸、打包的塑料泡沫），礼物上的包装纸、丝带、蝴蝶结。实际上，在你把玻璃罐、圣诞卡，或者装外卖用的盒子等扔进垃圾箱之前，想想看，这些东西是否对你还有其他的用处。

当然，作为极简消费者，我们不想在抽屉和柜子里塞满从来不会用的东西。所以，假如你对某些东西没有需求，那就让有需求的人拥有吧。再利用，也未必一定意味着你本人不得不再次使用某件东西；让其他人再利用，也一样对地球有好处。为此，把你的旧东西卖掉或送人吧。问问亲友们，同事们，他们是否对你不用的物品有需求。把你多余的东西捐给学校、教堂、庇护所和养老院。给你不要的东西找个新家，总比把它们扔在街头好；这会让还很好用的物品流通的时间更长，也能阻止他人购买新东西。

出于同样的理由，想想从你自身需求的角度来重新利用别人的东西。假设你应邀参加一个婚礼，需要一套合适的服装。在你进百货商店之前，试着找些二手货：查查你所在地区的旧货店和慈善商店，以及网上的拍卖和分类广告。不成的话，翻翻亲友们的衣橱，或者使用租赁服务。用同样的法子来处理家具、工具、电器，以及其他几乎你能想到的所有东西：把二手市场当作你的缺省源，而购买只是你最后的手段。你要避免给业已负担过重的环境再添压力，防止把有用的东西扔在垃圾桶里。

再循环

作为极简消费者，我们最终的目的是在地球上轻松地生活。我们首要的策略是把消费减少到最低，第二是尽可能再利用。但是，有时候我们仍然会抛弃那些不再有用的东西；那样的情况下，我们应当竭尽所能让其回收。

> 作为极简消费者，
> 我们最终的目的是在地球上轻松地生活。

幸运的是，近年来回收越来越容易了。许多社区都开设了路边回收项目，回收玻璃、纸张、金属，以及某些塑料。其他社区也有可回收材料接收站。假如这类东西能提供给你，那就好好利用吧。我们想要减少到最低程度的，不止是家里的垃圾，还包括环境垃圾。事实上，不要把回收的努力限制在一般的可回收物上——也要调查其他东西的回收前景。某些办公用品和电子商店提供回收服务，比如回收电脑、显示器、辅助设备、打印机、传真机、手机、个人电子产品等。当我准备更换笔记本电脑时，我非常兴奋能把旧电脑送回给厂商。瞧瞧你的周围，会发现有许多回收物品的服务，眼镜、鞋子、家具、电池、打印机墨盒、服装、地毯、床垫、灯泡等。把这些东西扔到垃圾箱前，花点时间研究一下循环利用的选择。可能你会对其种种可能感到吃惊。

你甚至可以在你自己的后院进行某些回收循环。不要把院子里的树叶、树枝、剪下的草、松针等垃圾打包给垃圾收集器，自己开始堆肥吧。把厨房垃圾加进去，比如某些蔬菜类垃圾、咖啡渣、茶包、蛋壳等；等每件东西都降解后，你就能获得极佳的有机物质，可以用来给你花园土壤增肥。找一本园艺书来看，或在相关网站查询，列出一份完整的合适的垃圾物品出来，并学会如何把这些东西分层堆放，以及如何搅拌。堆肥对环境带来双重好处：既清除了地面上的垃圾，又消除了购买包装好的化肥的需求。

尽管循环利用常常发生在某件产品生命周期之末，但从一开始就要把它牢记于心。当你在购物的时候，要选择那些可以被循环利用的产品，而非不能回收使用的；这类产品常常会有通用回收的标记。在标记中，不同的塑料会有不同的编码，标注其身份；要确保你购买的产品是可以在社区里被回收的。如果不能，那就考虑更环保的产品。同样，避免危险和有毒材料（比如油漆，清洁剂和杀虫剂）。这类东西，一旦处理不当，会危害环境，你需要把它们放到特别的收集地，以便处理。不要给自己添麻烦了，尽量找无毒的家庭用品吧。

考虑生命周期

作为极简消费者，我们的目的是尽可能少购物；所以，我们所买的东西要用得长久。在做购买决定时，我们必须考虑物品的生命周期。我们为什么要浪费所有的宝贵资源——生产、销售和处置——在一件我们仅仅只能用几个月的产品上？

所以，要那些质量好，持久耐用的物品吧。听起来这事很容易，但有多少次你买东西时影响你的是价格，而非质量？当你购物的时候，很容易就比较价格了，但衡量产品的质量却要困难一些。你怎么知道这把椅子下个月就要坏，或那块表一周后就停走了呢？你不得不像侦探一样，寻找线索：比如，这件产品的制造地、所用材料，以及生产商的名声等。虽然价格不能用来衡量产品质量，但价廉常常不能和持久耐用联系在一起；尽管更换这件东西不会倾家荡产，但我们必须考虑这种做法所造成的环境代价。

因此，杜绝购买流行产品。这些东西还没用坏，你就会厌倦它们（或者你会觉得，拥有它们是羞于启齿的事）。即使你捐赠出去，也已经浪费了生产和销售它们所消耗的资源——最好一开始就不要购买。相反，选择你真心喜欢的物品，或永不过时的经典产品。

最后，尽可能避免使用一次性产品。把自然资源耗尽在我们只用几分钟的东西上,这绝对不是我们所想的!不幸的是,一次性产品在我们的社会越来越受欢迎:从盘子到剃须刀,从餐巾纸到尿布,从相机到清洁布等。这类产品每天都要用,也就造成了大量的垃圾。通过可重复使用的物品,如手帕、帆布购物袋、可充电电池、适当的餐具和器皿、餐巾布、尿布、毛巾等,你可以极大地减少你的碳排放量。一如既往地,让产品的使用周期成为你的购物指南;如果其使用时间很短,那就另外找更耐用的物品替代吧。

考虑材质

在衡量可能要买的产品时,充分考虑其材质。挑选那些材质是可持续或可再生资源的产品,这样你的消费所造成的影响最小。一般情况下,天然材料胜过人造材料。像塑料这类合成物质一般是石油制品,后者属于不可再生资源。这类产品,不仅其生产过程是能源密集型,还会释放出有害毒品,让工人暴露在危险的气体和化学品中。而且,某些塑料制品还含有添加剂,后者会渗透到食品和水中,并对人们的健康构成风险。不当处置是另一个额外的问题。塑料制品降解非常缓慢,可以在地面上持续数百年(甚至数千年);另一方面,焚化它们的话,会造成有毒物质污染。

天然材料不需要同样的能量输入,处理和循环利用的时候就简单得多了。不过,不要因为我们只用木制产品,就意味着我们是清白无辜的。考虑到其来源和砍伐，我们仍然必须对此保持警惕。为了生产纸张、家具、地板、木材，以及其他产品，土地上的大片森林被采伐。非法采伐和不可持续的滥伐破坏了生态系统，使得土著部落无家可归，并改变了当地的气候。为了避免自己成为此类悲剧的"帮凶"，挑那些被认证为可持续原料的木制品，以及能快速再生的（如竹子），而非濒临灭绝的品种。

另一个办法，是购买可循环利用材料制作的产品，可以减少由此带来的环境影响。你会发现许多东西，如纸张、服装、手提包、鞋子、地板、家具、装饰产品、珠宝、玻璃制品等都作为新事物在享受第二次生命呢。购买回收的物品，可以保护自然资源，节约能源，并防止源产品被掩埋在垃圾填埋场里。显示出你真正的"最少消费"精神，并自豪于以下这个事实：你的大手提包是由汽水瓶制成的，或你的餐桌是由再生木材所制成。

最后，考虑一下包装。当然，最理想的是什么包装都没有——尤其是考虑其短暂的使用周期。不过，我们买的许多东西，本身就有某种外壳。挑那些最少包装的产品，或者是其包装属于容易回收的。无论如何，不要把东西装在塑料袋里带回家，换成布袋子，养成这样的习惯。仅仅是这个举动就能节约大量的能源，并减少大量垃圾。

考虑人的因素

我们不仅要评估产品的材质,还必须考虑制作产品的人,是谁生产的,工作条件怎样。百货商店的那件小玩意儿,或零售店架子上挂着的那条裙子,都不是从稀薄的空气中变出来的。这些东西,要么是被某些人用手工制成的,要么是他们用机器完成的。在我们购买之前,我们想要知道,那个生产者是否被公平对待,是否有安全的工作环境,所得的薪水是否能糊口。

在我对将来的设想中,我想象,我们能够通过扫描产品上的条形码,就能对其溯源:比如,在生产中用了什么自然资源,是否可以回收,或在垃圾填埋场需要多长时间才能降解,产地是哪里,以及厂家关于生产者工资和工作条件的记录等。

几十年前,获得这些信息很容易。工厂就设在我们的镇上或城市里,可以亲眼去看工厂的烟囱是否冒出污染环境的烟雾,或者是否有化学品被排进我们的河流与湖泊。我们可以亲自去查看工厂的地板,向邻居、表亲或在那里工作的朋友打听,他们有没有被公平对待,待遇是否合适。我们可以相信工会,法律以及条规,对生产出我们所购物品的人来说,这些可以保障其公平的薪资,以及安全的工作环境。随着全球化来临,一切都发生了变化。

许多我们买的产品,产自遥远的地方,公司对其供应链或生产方式几乎不透明。一些公司将产品生产转包给外国生产商,可能他们也不知道自己产品是在什么样的环境下生产出来的。

> 研究你光顾的零售商和品牌，
> 以确保其行为符合你的价值观。

所以，我们要怎么样才知道呢？好吧，这是棘手的部分。显然，没有一家公司会愿意在报纸上发新闻稿，称他们给工人的工资是多么少，或在其广告中展示工厂的工作条件是多么的糟糕。我们必须自己承担这个责任，了解哪些生产商实施了公平的劳工行为，而哪些厂商没有。利用互联网寻找监督机构和人权组织提供的有关信息。研究你光顾的零售商和品牌，以确保其行为符合你的价值观；如果不一致，那就找别的店和其他牌子。在购买前，还要检查原产地标签——假如这件产品的产地，以破坏环境或剥削劳工而闻名，那就不要买了，换一家。

考虑距离

我们谈论了许多产品的生产和处置，以及如何减少与之相关的足迹。但这还不够。我们必须要考虑销售——这些商品从产地到我们购买的地方，其运输如何增加了环境代价。

从前，大部分产品的产地就在我们居住地附近。我们从农民那里买菜，从裁缝那里买衣服，从铁匠那里买工具。多数情况下，这些东西运到我们手中，距离不超过一百英里（通常比这还要少）。如今，我们的商店里，是来自智利的农产品，印度的服装，中国的五金器具。我们家里的大部分物品，其产地遍布半个地球。问题是：运输它们增加了能源支出（以燃料的形式）。石油是一种不可再生能源，每时每刻都在减少。但是，我们非但没有保护它，反而在飞机、轮船和卡车上装满了它，以便把消费品从世界的某个地方运往另一个地方。遗憾的是，这意味着越来越多的空气污染，以及以后越来越少的资源。让一个芒果，或一条超短裙踏上三千里的旅程，所带来的环境后果，真的值得吗？

对我们极简消费者来说，这不值得。我们宁愿买本地货，让我们的空气保持洁净，节约能源。我们宁愿从本地工匠那里购买椅子，也不愿意到家具超市去；我们从社区工艺品集市买回装饰品，而非到全球连锁店；我们的服装来自本国生产商。

这肯定不如匆匆走进大超市容易，但至少我们可以试试。实际上，我们需要的国内商品越多，而非进口产品，当地制造业的复兴就越有可能。

准备好近距离购物吗？先从食品开始吧。我们大部分人直接到当地农民的市场，在那里，我们可以买到新鲜的水果、蔬菜、蜂蜜、肉、奶制品，以及更多的东西。既然这些东西都在当地生长，培育和生产出来,那么运输所消耗的能源就达到了最少。所以,根据季节来计划你的菜单。不要在冬天购买从遥远的地方运来的西红柿,享受一年中当地收获的水果吧。

购买本地产品,不仅保护了环境,也强化了社区。我们没有把辛苦挣来的钞票送到国外,而是让其回到家乡——这些钱能提供相关服务,建设基础设施,并为我们需要的项目设立基金。我们从开发商手中挽救我们的农田,从而保留开放的空间和农业传统。我们培育强有力且多元化的地区经济,大大减少对全球市场和全球供应链的依赖。更妙的是,我们和供应我们商品的人之间,建立了持久的人际关系。得知我们的消费有助于一个农民维系生计,或让一个本地商户的孩子上大学,而不是给某个遥远的公司高管发了奖金——这感觉简直棒极了。

做一只蝴蝶吧

过度消费时,我们像闯进瓷器店的公牛——在我们清醒过来后,发现只剩下一条毁灭之路:倒下的森林,肮脏的航道,以及塞不下的垃圾填埋场。在我们追求越来越多的物品,以及不加限制的消费需求增长中,我们破坏了脆弱的生态系统,并让后代来收拾残局。

作为极简消费者,我们要做的事与之相反。我们不要成为公牛,要努力成为蝴蝶——尽可能生活得轻松、优雅、美丽。我们想轻快地飞过这一生，不带行李，不被过量的东西约束。我们想让地球及其资源完好无损。

地球资源有限，而人口越来越多；随着更多的国家实现了工业化，生态系统承受的压力也就越来越大。当我们像公牛那样行动时，我们所攫取的，超过了我们应得的那一份。我们觉得，自己有权利支持我们不惜任何代价的消费生活方式，完全不担心带来的环境影响。更糟的是，在这种不惜任何代价的经济增长中，这种行为成为准则。想象一下，数百头，数千头，甚至成千上万头公牛横扫全球，并剥夺其物产，会是怎样的情况。

而当我们像蝴蝶那样行为，我们会满足于最少的基本需求。我们尽可能不消费，知道资源是有限的。我们庆祝自然的礼物——春天的微风、清澈的溪流、芬芳的花朵——而不是践踏它们。我们知道，我们是地球的服务员，我们有责任为了我们的后代培育和呵护它。我们在这个生态系统中，彼此和谐地生活。

> 我们用我们行动的魅力鼓舞他人。

而且，我们用我们行动的魅力鼓舞他人。我们不需要权力和金钱来推进我们的日程；我们只需要做我们所做的，日复一日，我们就给邻居们和孩子们树立了极好的榜样。通过极简主义的生活方式，我们获得了独特的机会，改变当前范式，从过度消费和牟取暴利，向保护和可持续性增长转变。仅仅是通过少消费，我们就能成为社会和经济改革的先锋，并鼓励他人做同样的事。对可能想象得到的行动派来说，这是最容易的方式——我们有能力改变我们的生活，我们的社会和我们所在的这个星球。

结 语

信奉极简主义的生活方式，每人都有各自的原因。可能你挑这本书看，是因为抽屉塞满了，房间太凌乱了，橱柜要被撑爆了。你也许意识到，到商场购物，不停地获得新东西，并不能让你开心。也可能是因为，你担心自己的消费给环境带来的影响，担心子孙后代失去洁净的空气和水源，而享有碧水蓝天是他们与生俱来的权利。

我希望，书里提供的建议让你倍受鼓舞，整理你的家，简化你的生活，并更轻松地生活。在我们这个越多越好的社会，你并不经常会听到这样的信息。实际上，你每天听到的，都是与之相反的消息。我们所到之处，都在鼓励消费——商品广告、杂志、广告牌、广播、公交车上的广告、车站长椅、建筑物、浴室，甚至我们的学校。这是因为，控制传统媒体渠道的人，正是那些从我们多购多买中获利的人。

极简主义的生活方式有的时候会让我们感觉似在逆水行舟。你会遇到一些人，任何对现状的改变都会让他们感到威胁；他们会说，没有小汽车、电视机，没有完整的一套客厅家具，这样的日子怎么过得下去呢。他们会暗示你，要是不买名牌服装，最新的数码产品，以及你买得起的最大的房子，你就不算成功。

别信。大家都明白，生活的品质和我们所消费的物品无关，"物品"不是衡量成功的标准。

也不要担心——你并非孤身独行。越过强大的媒体，你会看到有许多和你一样想法的人。事实上，当你不经意地和同事或邻居提及，你正让家里的东西变得少点，很可能你会听到一声会意的叹息，接着的一句是，"我也打算这样做呢"。过去几十年经济过剩之后，对消费主义增长的失望，过简单的，更有意义的生活，成为一种风潮。特别是网络成为信息和提供帮助的宝库。近年来，有关极简生活和自愿简单化的博客和网页数量成倍增加。考虑参加该主题的论坛；这是个非常好的办法，可以结识极简生活的伙伴们，交换整理方法，并获得鼓舞和动力，继续前行。一旦你走出现状，你会从容而宁静。当你忽视那些广告，减少消费时，也就没有理由渴望那些东西，没有买下它们的紧迫感，也就没有必须支付的压力了。宛如有了一根魔杖，生活中的烦恼和问题统统不见了。

和极简生活相伴的，是各种解脱——摆脱债务，凌乱，以及"老鼠赛跑游戏"[1]。从生活中清理出去的每一件多余的东西，就像从肩上卸下一件负重。你要跑腿的事越来越少，去商店少了，支付的钱少

译者注：无意义的紧张的竞争。在这个游戏中，人们为金钱而工作，每月的支出主要靠工资来维持，没有属于自己的资产，或者虽有资产但带来的收入还不足以维持家庭的花费，毫无意义。

了，需要打扫，维护和投保的东西少了。不仅如此，当你不再追求身份地位的象征，不和别人攀比时，你就有了时间和精力去实现更多有意义的追求：比如，和孩子们玩耍，参加社区（活动），思考生命的意义。这种自由，反过来，提供了一个自我发现的绝妙机会。当我们把自己等同于某些品牌，并通过物质的东西来表达自己，我们就失去了自我，不知道我们是谁。我们用所消费得来的物品，来表达（投射）我们自身的某种形象——本质上，就是买了一个面具，展示给其他人看。而且，我们为着这些"东西"忙忙碌碌——忙着跑来跑去买东买西——以至于我们没有时间停下来，探究"我之所以为我"的根本原因。当我们成为极简主义者，我们会剥去冗余，露出真实的自我。我们花时间思考我们是谁，什么是重要的，什么才让我们真正快乐。我们从消费主义中破茧而出，以诗人、哲学家、艺术家、活动家、母亲、父亲、配偶、朋友等身份，展开翅膀。更重要的是，我们重新定义自己，通过我们所做之事，我们思考的方式，我们所爱之人，而非所买之物来定义自己。

有一则古老的佛教故事。有个人去向禅师问禅，但却大谈自己的想法，而不是倾听。过了一会儿，禅师上茶。他给来者的茶杯灌满，水已溢出来流到桌上了，还一直加水。来者非常吃惊，叫道，茶杯已经满了——然后问，已经装不下了呀，为什么还要一直倒。禅师解释，就像这个茶杯一样，你已经有了太多自己的主意和想法，除非杯子空了，否则什么都听不进。

当我们的生活被塞得满满的时候，同样的情况也会发生。我们没有余地给新的体验，也会失去自我发展和深化各种关系的机会。而极简主义的生活会帮助我们克服这一切。把我们房间里、日程上、脑海中的各种冗余清理出去，我们也就清空了我们的茶杯——我们就有了无限的容量，安放我们的生活、爱、希望、梦想，以及许许多多的快乐。

致 谢

感谢我亲爱的读者，感谢你们的鼓励。感谢这些年来，你们写给我的邮件，评论我的博客，感谢你们用这样方式鼓励我。

感谢亲爱的 Stonesong 公司的 Maria Ribas，感谢您的热忱，专业，以及作为经纪人的大气。

感谢我的编辑，Laura Lee Mattingly 和 Sara Golski，感谢你们处理我的文本，与你们一起工作是种享受。

感谢你们，Jennifer Tolo Pierce，Yolanda Cazares，Stephanie Wong，以及在 Chronicle 的其他团队成员，感谢你们对这本书精彩的劳动和付出，同样也感谢我的国外版权经纪人，Whitney Lee，感谢您把这本书带给全世界的读者。

感谢我的父母，你们让我坚信，没有我做不到的事。

最最重要的感谢，送给我的丈夫和女儿，谢谢你们在这段时期里对我无私的爱、包容和支持。你们是我最宝贵的财富。

图书在版编目（CIP）数据

少的乐趣：极简生活手册 /（美）弗朗辛·杰著；黄琳译. — 太原：山西人民出版社，2016.9
ISBN 978-7-203-09713-6

Ⅰ. ①少… Ⅱ. ①弗…②黄… Ⅲ. 生活方式－通俗读物 Ⅳ. ①C913.3-49

中国版本图书馆CIP数据核字(2016)第194759号

版权登记号 图字：04-2016-026

少的乐趣：极简生活手册

著　　者：	（美）弗朗辛·杰
译　　者：	黄　琳
责任编辑：	柳承旭
装帧设计：	陆红强
选题策划：	北京汉唐阳光
出 版 者：	山西出版传媒集团·山西人民出版社
地　　址：	太原市建设南路21号
邮　　编：	030012
发行营销：	010-62142290
	0351-4922220　4955996　4956039
	0351-4922127（传真）　4956038（邮购）
E－mail：	sxskcb@163.com（发行部）
	sxskcb@163.com（总编室）
网　　址：	www.sxskcb.com
经 销 者：	山西出版传媒集团·山西新华书店集团有限公司
承 印 者：	北京汇林印务有限公司
开　　本：	655mm×965mm　1/16
印　　张：	17
字　　数：	150千字
印　　数：	1-10000册
版　　次：	2016年9月第1版
印　　次：	2016年9月第1次印刷
书　　号：	ISBN 978-7-203-09713-6
定　　价：	48.00元

如有印装质量问题请与本社联系调换

Copyright: © 2010 by Francine Jaskiewicz
Published in arrangement with The Fielding Agency, LLC through
The Grayhawk Agency.